Toda una vida

AF874401

Actualidad

Biografía

Miguel Ángel Revilla (Polaciones, Cantabria, 1943) es el secretario general del Partido Regionalista de Cantabria (PRC) y ha sido el presidente de esta comunidad autónoma en dos ocasiones: primero desde 2003 hasta 2011, y posteriormente desde 2015 hasta 2023. Con Espasa ha publicado *Nadie es más que nadie*, *La jungla de los listos*, *Este país merece la pena*, *Ser feliz no es caro*, *Sin censura*, *¿Por qué no nos queremos?* y *Toda una vida*, siete de los libros más relevantes del panorama editorial de los últimos tiempos y auténticos *bestsellers*.

Miguel Ángel Revilla

Toda una vida

ESPASA

PEFC Certificado

Este libro procede de
bosques gestionados
de forma sostenible

PEFC

PEFC/14-38-00305 www.pefc.es

La lectura abre horizontes, iguala oportunidades y construye una sociedad mejor.
La propiedad intelectual es clave en la creación de contenidos culturales porque sostiene el ecosistema de quienes escriben y de nuestras librerías.
Al comprar este libro estarás contribuyendo a mantener dicho ecosistema vivo y en crecimiento.
En **Grupo Planeta** agradecemos que nos ayudes a apoyar así la autonomía creativa de autoras y autores para que puedan seguir desempeñando su labor.
Dirígete a CEDRO (Centro Español de Derechos Reprográficos) si necesitas fotocopiar o escanear algún fragmento de esta obra. Puedes contactar con CEDRO a través de la web www.conlicencia.com o por teléfono en el 91 702 19 70 / 93 272 04 47

© Miguel Ángel Revilla, 2023
© Editorial Planeta, S. A., 2023
Espasa, un sello editorial de Editorial Planeta, S. A.
Avda. Diagonal, 662-664, 08034 Barcelona (España)

Adaptación de la cubierta: Booket / Área Editorial Grupo Planeta
Fotografía de la cubierta: © Daniel Pedriza Collado
Imágenes del interior: Archivo personal del autor
Primera edición en Colección Booket: marzo de 2024

Depósito legal: B. 1.643-2024
ISBN: 978-84-670-7274-7
Impresión y encuadernación: CPI Black Print
Printed in Spain - Impreso en España

A todo el personal sanitario de este país, que ha trabajado hasta la extenuación durante estos años terribles de pandemia. Por motivos personales y familiares, especiales gracias a los doctores Gele de Francisco, Alejandro Panero, Fernando Rivera, Javier Crespo y Marcos Gómez.

Índice

La televisión cambió mi vida

Combatiendo la corrupción

En política no todo vale

Toda una vida

Sale a la luz este libro para celebrar que el día 23 de enero de 2023 cumplo 80 años. Me voy acercando peligrosamente a los 82, que es la edad media a la que los españoles dejamos este mundo. Que sí, que ya sé que algunos llegan a los 100, pero otros muchos ni siquiera alcanzan los 70. En mi casa siempre me dicen que soy muy pesado con esto de la muerte, pero yo no lo creo. Simplemente afronto con naturalidad la única realidad de la que no se escapa nadie.

Por lo tanto, escribo estas líneas sabiendo que es muy probable que este sea mi último libro. Y por ello quiero reunir en estas páginas una serie de reflexiones sobre los principios que siempre han guiado mi vida y que pueden resultar de interés o utilidad para aquellos que decidáis leerme.

Muchas veces me he preguntado cómo es posible que alguien como yo, una persona nacida en los años 40 del siglo pasado, en el valle más alto y apartado de Cantabria, hijo de un guarda de montes y de una maestra, sin pertenecer a ninguno de los partidos políticos hegemónicos en España, haya llegado a ser el presidente de su comunidad autónoma. Y lo que es más importante, ¿cómo ha sido posible que me haya convertido en un referente para millones de personas de toda España que me abruman con su cariño?

Creedme que nunca fue una pretensión llegar a conseguir tanto, y, por eso, no he tenido que seguir una vida de impostura para lograrlo.

LOS PRINCIPIOS QUE HAN REGIDO MI VIDA

1. El año y el mes claves: diciembre de 1975

Mis lectores más fieles conocéis toda mi vida. A estas alturas puedo decir que son miles las personas adictas a mis libros que han leído todos los títulos publicados: *Nadie es más que nadie, La jungla de los listos, Este país merece la pena, Ser feliz no es caro, Sin censura* y *¿Por qué no nos queremos?* En sus páginas he contado ya todo sobre mí, lo bueno y lo malo.

En este nuevo libro quiero centrarme en lo ocurrido a partir de 1975, el año que cambió mi vida para siempre.

En ese año, yo era un hombre soltero, economista, director de un banco en Torrelavega, profesor de Economía en la Escuela de Dirección de Empresas. Era socio del elitista Club Marítimo de Santander. Tenía un barquito de buen porte y a un marinero contratado. Salía con bastante frecuencia a pescar, que siempre ha sido mi *hobby* preferido, y de vez en cuando a pasear a alguna chavaluca entre la bahía de Santander y el faro de Ajo.

En aquellos días tenía en construcción un chalet en un lugar maravilloso llamado Puente Arce, entre Santander y Torrelavega. Conducía un Peugeot 505 turbo. En suma, disfrutaba de lo que podemos denominar, según los estándares al uso, una vida de éxito y me desenvolvía con una tranquilidad relativa.

Pero la vida es un cúmulo de casualidades y mi existencia, como la de todos los que me estáis leyendo, es un puro azar.

En una conversación con amigos, precisamente reflexionando sobre la brevedad de la vida y la cantidad de circunstancias que se habían tenido que dar para encontrarnos reunidos, uno de ellos hizo un comentario muy interesante. Nos preguntó por las posibilidades de que a uno de nosotros nos tocara la lotería. No eran muchas. ¿Y de que nos tocara dos veces? Escasas y excepcionales, claro. Entonces nos instó a imaginar que nos tocaba siempre el gordo de la lotería, incluido el de los sorteos semanales, a lo largo de toda nuestra vida. Es decir, nos explicó: «A un hombre de 70 años le habría tocado el gordo 3.750 veces». «La probabilidad de que algo así ocurra se acerca técnicamente a lo imposible», respondió alguien.

Sin embargo, tal posibilidad es muchísimo más probable que el hecho de haber nacido. Me explico, empezando por lo básico: los seres humanos nacemos de la fecundación de un óvulo al que aspiraban llegar entre 50 y 200 millones de espermatozoides. Por lo tanto, hay una casualidad en el origen de todos nosotros, de nuestros padres, abuelos, bisabuelos y del resto de nuestros antepasados.

Y no solo ahí, porque para que alguien llegue a nacer es necesaria otra circunstancia casual, la que motiva el encuentro de nuestros antecesores.

Según un equipo internacional liderado por la genetista del Instituto Garvan de Investigación Médica, de Sídney, Vanessa Hayes, los humanos modernos procedemos de una única población que vivió en el sur de África hace 200.000 años. Otros investigadores datan ese origen mucho antes, pero lo que parece que todos comparten es que el azar del encuentro entre un hombre y una mujer está en nuestro origen. Encuentros fortuitos y espermatozoides forman parte del cálculo de probabilidades que condiciona nuestro nacimiento.

Tenemos datos más precisos. El doctor Ali Binazir, en un artículo publicado en un blog de Harvard, estima que un hombre (un padre) podría (subraya el podría) haber conocido a una madre entre 200 millones de mujeres, aunque también calcula que, en realidad, habrá conocido a unas 10.000 a lo largo de 25 años.

Una vez que los padres se conocen, los números no son más sencillos. Cada madre produce una media de 100.000 óvulos fértiles durante toda su vida, mientras que el padre genera aproximadamente 400.000 millones de espermatozoides totalmente diferentes entre sí. Por lo tanto, la probabilidad de que el bebé que engendren sea uno mismo es de 1 entre 40.000 billones.

El tema se complica aún más si consideramos las generaciones pasadas. Según el estudio de probabilidades de Harvard, podemos resumir que la posibilidad de que una persona llegue a ser precisamente esa persona, y no otra, es la misma que la de que dos millones de personas se junten para jugar cada uno con un dado con mil billones de caras y que todos saquen el mismo número. Es decir, casi cero. ¡Todo un milagro!

Ese milagro genera asimismo circunstancias con posibilidades y causas que motivan lo que seremos durante ese breve periodo de tiempo que dura la vida. Es decir, el azar no termina en el nacimiento. Un ejemplo: mi amigo Berto se saltó un día un *stop* en una carretera secundaria y le paró la Guardia Civil para multarle. Eran dos agentes, uno de ellos una mujer. Berto pagó aquella multa y acabó casándose con la guardia civil (Celsa), con quien tiene cinco hijos.

La casualidad también motiva nuestras elecciones en la vida. ¿Qué circunstancias ocurrieron para que una mujer elija ser jueza? ¿Y un hombre, investigador en la Atlántida? O, ¿por qué yo, teniendo mi vida enfocada con 32 años, elegí, de repente, darle un giro de 180 grados que acabaría convirtiéndome en el político con más años de oficio? Por una casualidad, por supuesto.

El 20 de noviembre de 1975 murió el general Francisco Franco, que había mantenido a España en una dictadura desde 1939. Unos días después, en el mes de diciembre, recibí una invitación de la Cámara de Comercio de Torrelavega para participar en su sede en una mesa redonda titulada «A dónde va España», en mi calidad de profesor de Economía. Junto a mí, fueron invitados el presidente de los empresarios locales, el alcalde de Torrelavega y el presidente de la propia Cámara de Comercio. En un primer momento rechacé la invitación, pero me insistieron tanto que terminé por aceptar.

Asistí, pues, al debate y dije que España iba a caminar hacia una democracia de corte europeo y hacia una descentralización que la abocaría a convertirse en un Estado semifederal, con un mapa configurado por comunidades autónomas con amplias competencias. Hasta aquí, nada novedoso. Pero añadí una cuestión que desató la controversia, la oposición y, en algunos casos, hasta la indignación. «Es el momento de reivindicar el histórico nombre de Cantabria para la actual provincia de Santander y convertirla en una comunidad autónoma uniprovincial dentro de la futura articulación territorial del Estado español».

Mis palabras abrieron las cajas de los truenos. ¡Qué disparate! ¡A dónde vamos a ir solos, sin Castilla! ¡Si somos cuatro gatos! Luego vinieron las alusiones personales. Me tacharon de nacionalista separatista adiestrado en Bilbao, durante mi etapa como estudiante de Económicas. Hasta el Banco de Santander puso el grito en el cielo, porque yo pretendía nada menos que cambiar el nombre de toda la región.

Desde niño, yo me había preguntado siempre por qué el territorio de Cantabria, el más mencionado por los escritores romanos casi dos siglos antes de Cristo, había perdido su nombre histórico.

Catón el Viejo dejó escrito 195 años antes de Jesucristo: «*Fluvium Iberum ex oritur, ex Cantabris...*». Es decir, «el río Ebro nace en la tierra de los cántabros...». Cantabria fue la protagonista de la guerra de resistencia más larga de cuantas tuvo que luchar Roma en su conquista de la península Ibérica. El propio emperador Augusto tuvo que venir a participar en la contienda y permaneció aquí durante cinco años. Instaló un campamento y desplegó sus tropas en Sesamón (Burgos) para acabar con la resistencia cántabra en el año 29 antes de Cristo.

Tenemos incluso un mar, el mar Cantábrico. Y sin embargo, como si el nombre de Cantabria estuviera maldito o no sonara bien fonéticamente, fue suprimido de nuestra denominación y permaneció en el olvido durante muchos siglos. Perdido el nombre histórico, nos convertimos sucesivamente en Las Asturias de Santillana, Las Cuatro Villas de la Cosa, La Montaña y la provincia de Santander.

Las reacciones tan hostiles que despertó mi propuesta espolearon una de las características que distinguen mi personalidad, que no es otra que la tenacidad a la hora de defender aquello en lo que creo. No me importa encontrarme solo. Cuando tengo convicción, sé que con tiempo soy capaz de convencer a muchos.

A partir de aquel momento se acabaron mis días de ocio. Aparqué mi *hobby* de la pesca y comencé a dedicar los sábados y los domingos a recorrer Cantabria de pueblo en pueblo al volante de mi Peugeot 505 con el propósito de mentalizar a la gente sobre la necesidad de recuperar nuestro histórico nombre y convertirnos en una autonomía. Siempre encontraba a algún paisano dispuesto a apoyar mis ideas y a ayudarme a reunir pequeños grupos para compartirlas, muchas veces, simplemente anunciando en un cartel el día, la hora y el lugar donde Revilla hablaría sobre Cantabria. No acudía mucha gente a aquellos encuentros, porque entonces yo era un desconocido.

Nunca olvidaré la primera charla. Fue en un pueblo llamado Lanchares, en el municipio de Campoo de Yuso. Allí vivían 24 vecinos, y creo recordar que acudieron nueve a escucharme. Fueron más de tres horas de charla y coloquio. Sinceramente, creo que los convencí a todos.

Animado por aquel éxito, empecé a dar charlas no solo sábados y domingos, sino también los viernes. De este modo, recorría al menos 12 municipios cada mes. Entre 1976 y 1982 le metí al Peugeot ya citado 400.000 kilómetros sin salir de Cantabria.

Para seguir trabajando en aquella idea, en 1976 fundé la Asociación para la Defensa de los Intereses de Cantabria (ADIC), a la que se fue sumando más y más gente. En 1978 creé el Partido Regionalista de Cantabria y en 1982, por fin, la provincia de Santander pasó a ser la Comunidad Autónoma de Cantabria. Más del 80 % de los ayuntamientos, que representaban al 90 % de la población, así lo habían decidido en referéndum.

Creada la autonomía, llegaron las primeras elecciones democráticas en 1983. Me presenté encabezando la lista de mi partido, aunque me costó hacerlo. Me había resistido a ello por muchas razones. La principal, que el banco del que era director ya me había aguantado bastante, porque tuvo que soportar numerosos problemas desde que inicié mi actividad política. Con las elecciones convocadas, me plantearon una disyuntiva: el banco o la política.

Teniendo en cuenta que Cantabria ya había conseguido ser comunidad autónoma, apoyada por todos los partidos menos Alianza Popular, hoy Partido Popular, yo consideraba que en aquel momento no tenía sentido continuar con nuestro PRC. Ya habíamos conseguido concienciar a la población y a las demás fuerzas políticas.

Tres meses antes de las elecciones, el PRC contaba con apenas 35 afiliados activos. Teníamos una pequeña sede en la calle Marqués de la Hermida, de Santander. Los cité un sábado a las ocho de la tarde con la intención de proponer la disolución del partido. Estaba convencido de que todos entenderían mis razones y comprenderían que no podía presentarme a aquellas elecciones cuando el banco ya me había anunciado que, en caso de hacerlo, me daba la boleta. En aquellas fechas, yo ya estaba casado y tenía una hija.

Cuando terminé mi exposición se produjo un gran silencio. Viendo las caras de los asistentes, pensé que los había convencido y que todos habían entendido mis razones. Pero uno de ellos, José Manuel Alonso Vega, alcalde de Ruesga, tomó la palabra de forma bastante airada. Resumo su intervención: «Tú eres como el capitán Araña. Nos embarcas a todos y, cuando llega el momento de la verdad, abandonas el barco. Tienes que presentarte, aunque no saques nada. De otra manera, no volveré a hablarte en la vida».

Sus palabras me dejaron tocado, así que les pedí una semana para reflexionar. Aquella noche no pegué ojo. Lo del capitán Araña no se me iba de la cabeza.

Al día siguiente hablé con la dirección del banco en Barcelona y les planteé un nuevo gesto de permisividad conmigo. Les propuse que me permitieran presentarme a las elecciones para cumplir con mis militantes, con el compromiso de que, si salía diputado, yo mismo presentaría mi dimisión al día siguiente. Estaba tan convencido de que eso no iba a ocurrir que prometí que el banco volvería a ser mi única meta laboral. Y lo aceptaron.

Las encuestas nos daban en aquellos días el 0,7 % de los votos y era necesario un 5 % para lograr representación. Afronté la campaña electoral con cierta desgana, dado el negro panorama laboral que se me avecinaba en caso de salir elegido, aunque debo confesar que lo que primaba en mí era el amor propio y el orgullo para no hacer el ridículo.

Y llegó la noche electoral. No más de 80 personas nos reunimos en nuestra sede de 40 metros cuadrados para esperar los resultados. El PRC obtuvo el 7 % de los votos y dos de los 39 diputados de la entonces Asamblea Regional, hoy Parlamento de Cantabria. El resultado no me indujo a un solo gesto de alegría. Se me venían encima un montón de problemas. Claro que podía haber dimitido y dejado que corriese la lista, pero esa salida no iba con mi ética. Lo del capitán Araña habría sido algo liviano comparado con lo que habrían dicho de mí.

Las consecuencias fueron inmediatas. Sin el sueldazo del banco, pronto tuve que vender el barquito y darme de baja en el Club Marítimo de Santander. El divorcio llegó más tarde y acabé viviendo en un piso de mi querida hermana Tere. Seguí conservando el Peugeot 505, con 500.000 kilómetros, porque no tenía para comprar otro coche.

Como podéis comprobar, toda una serie de casualidades cambiaron radicalmente mi vida y la de muchísima gente. Y aquí sigo. Aquellos dos diputados de 1983, cuando fuimos la última fuerza política de Cantabria, son hoy 14 parlamentarios de 35; el PRC es, con holgura, la primera fuerza política y yo, el presidente de la Comunidad Autónoma.

Creo que no hay ninguna otra persona viva en España que lleve ininterrumpidamente 40 años ejerciendo como diputado. Y es que cuando yo elijo un camino en el que creo, no lo abandono.

Muchas veces me he preguntado qué habría sido de mi vida de no darse ese cúmulo de casualidades que acabo de recordar. ¿Habría llegado a director general del banco? ¿Habría presentado mi tesis doctoral en Economía, teniendo en cuenta que ya había aprobado los cursos? ¿Habría llegado a catedrático? Quién lo sabe.

Lo que sí sé es que las decisiones que tomé en 1976, primero, y en 1983, después, han merecido la pena. No suelo pecar de falsa modestia, y creo sinceramente que si yo no hubiera dado los pasos que di, Cantabria no sería hoy una comunidad autónoma. Para lo bueno y para lo malo, me considero el padre de esta realidad maravillosa e irreversible que se llama Cantabria, a la que he dedicado mi vida.

Una vida en la que siempre he intentado cumplir fielmente una serie de principios en los que creo por encima de todo y que ahora quiero rememorar por si pueden ser de utilidad a alguien.

2. La vocación

Cuando una persona tiene una vocación clara, debe dejarse llevar por ella. Tener vocación es una motivación constante para hacer lo que haces. Sin ella, es difícil que las cosas salgan bien.

Para mí, el ser humano es una mezcla de los genes heredados de los antepasados y del hábitat en el que se desarrolla desde niño. En mi caso está claro. El lugar donde nací me ha marcado poderosamente, no solo la geografía, sino también el pueblo y sus habitantes. Nacer en Polaciones, abrir los ojos entre Peña Sagra y Peña Labra y pasar necesidades, pero viviendo en un clima de solidaridad plena entre todos los vecinos, ha marcado mi vida. Creo que fue una casualidad muy afortunada nacer donde nací y doy gracias por el entorno humano en el que me crie.

3. La tenacidad y la coherencia

La tenacidad en la defensa de las creencias y las ideas propias es otra cualidad importante, y ayuda en la tarea de hacer realidad aquello que defiendes. Sin fe y tenacidad, habría sido imposible el éxito de mi propósito.

No menos importante es la coherencia entre el discurso y los hechos, quizá lo más difícil de conseguir en política y lo que más añora la gente normal en los dirigentes actuales.

La coherencia suele ser una virtud innata. Y para no olvidarlo, yo siempre tengo sobre mi mesa de trabajo un texto de un gran escritor cántabro, Manuel Llano, enmarcado en un cuadro de madera. Lo he mencionado en otras ocasiones, pero nunca está de más volverlo a repetir: «La palabra tiene que estar de acuerdo con la conciencia, y el discurso con el ejemplo. Ser en la calle la personificación exacta, el reflejo fidelísimo de lo que se dice en la tribuna o en el púlpito. La falta de ejemplaridad es la engendradora de los grandes fracasos en la religión y la política».

Manuel Llano escribió esta reflexión en 1935. Llama la atención la apabullante actualidad que conserva tantos años después.

El cristianismo al que aludía el escritor es una de las religiones más extendidas por el mundo. Como a millones de personas, la figura de Jesús de Nazaret me parece humanamente excepcional. Su vida, sus mensajes, su sacrificio en la cruz emocionan a cualquiera. Y sus palabras son de permanente actualidad. Fomentaba la humildad y el apoyo a los pobres, fustigó a los mercaderes del templo, se enfrentó a los poderosos y en todo momento practicó y llamó a la solidaridad.

Esa maravillosa doctrina no tiene nada que ver con la pompa de un Vaticano lleno de cardenales y obispos envueltos en una parafernalia de reyes. No casa bien con la imagen de una Iglesia que atesora riquezas ingentes mientras mueren de hambre millones de seres humanos en el mundo.

Siempre me he preguntado qué pensaría Jesús, aquel que entró en Jerusalén con sus discípulos montado en un burro y con un ramo de palma en la mano, si viera la explanada del Vaticano un día de celebración, con sus nuevos apóstoles vestidos de luces. Qué pensaría al entrar en la basílica de San Pedro y descubrir que hay más oro en cruces y cálices que el que atesora la Reserva Federal norteamericana.

Es cierto que hay una minoría de monjas y curas que siguen fielmente la doctrina cristiana, ayudando a los más necesitados en lugares terribles. Con toda seguridad, Jesús huiría aterrorizado de Roma en dirección a las zonas más pobres de lugares como Brasil, Uganda o Haití, por ejemplo, para reunirse con los suyos.

En la política ocurre algo parecido. Naturalmente que los cargos institucionales han de seguir un protocolo y tener un rango acorde a la representatividad que ostentan. Pero cuánto daño hace que a muchos de ellos se les llene la boca hablando de honradez, la primera virtud que debemos exigir a cualquier gobernante, al mismo tiempo que roban a manos llenas.

A lo largo de mi trayectoria política he convivido con presidentes autonómicos que se han revelado como auténticos trincones. Aunque, sin duda, el que más daño ha hecho a la imagen pública de los representantes institucionales es el que fue nuestro Rey durante casi 40 años, hoy fugado y con domicilio fiscal en Abu Dabi. Ese Rey que nos hablaba en Navidades de la obligación de ser honestos y escrupulosos en la conducta. «Palabra y hechos», como escribió Manuel Llano.

Me pregunto muchas veces si en el mundo de la política es necesaria tanta parafernalia de coches oficiales, aviones militares, guardaespaldas... Por no hablar de esos políticos que, antes de llegar al poder, aseguran que seguirán viviendo en sus barrios y en sus casas de siempre, y un suspiro después acaban en una mansión de lujo y no salen de las salas VIP. Quienes ostentamos cargos públicos de responsabilidad y tenemos cierta notoriedad hacemos mucho daño cuando decimos una cosa y hacemos la contraria.

4. La normalidad

Hay una tercera cualidad que me parece imprescindible en cualquier gobernante, y es la normalidad. Ser normal es quizá algo consustancial a la genética de cada uno, y quien nace prepotente continúa siéndolo toda su vida. Pero siempre podemos hacer algo para no creernos superiores a los demás.

Mi primer libro, *Nadie es más que nadie,* recoge mis pensamientos sobre este asunto, por lo que no os digo nada nuevo si reafirmo que no soporto a los prepotentes, a aquellos que abusan de su autoridad en el ejercicio del cargo, los que tienen recursos y los exteriorizan humillando a los demás, a los que desprecian en función del color de su piel, de su orientación sexual... Los mayores encontronazos verbales que he tenido han sido por enfrentarme a personas que han humillado en mi presencia a personas inmigrantes.

Yo tengo muchos defectos, pero no el de la prepotencia. Jamás he utilizado en un aeropuerto el privilegio de presidentes, diputados y senadores para acceder a los aviones a través de la sala de autoridades. Tampoco los lujosos espacios VIP, donde puedes disfrutar de canapés y bebidas gratis. Nunca viajo en clase *business,* ni utilizo el coche oficial para ir de mi casa en Astillero al despacho en Santander. Tampoco he tenido jamás guardaespaldas.

Quizá soy un tanto extremo en estos temas, pero este tipo de prebendas me provocan cierta vergüenza. A fin de cuentas, quién soy yo para no actuar como uno más, un ciudadano normal y corriente, por más que haya tenido durante muchos años el honor de ser la máxima representación institucional de la tierra donde nací.

Esta manera de ser me permite hacer, además, una de las cosas que más me gustan, hablar con la gente, que me cuenten sus impresiones sobre cualquier cosa, incluso que me pidan fotos... Comprendo que hay famosos a quienes les agobia lo de las fotografías, pero a mí no. Generalmente, cuando alguien quiere hacerse una foto contigo, te dice cosas agradables: «Usted es un referente para mí», «la foto la quiero para mi madre, que le admira»... Si es un niño quien me pide la foto, el placer es doble. Es tan fácil y tan barato regalar un instante de felicidad... *Ser feliz no es caro,* como recuerdo en el título de otro de mis libros.

No hay una sola persona en España que haya querido verme en el despacho para saludarme, o hacerse una foto conmigo, que haya tenido una respuesta negativa. Saben que tengo pocos minutos libres y que deben ajustarse a mi horario, pero siempre he atendido todas las peticiones que he recibido. Y, así, me he encontrado con personas que han viajado a Cantabria con el único propósito de conocerme en persona. Cómo voy a decirles que no. A veces vienen familias enteras. Ellos se van encantados y yo me quedo más encantado aún.

5. Ser honrado es rentable

No me canso de repetir que lo primero que los ciudadanos deben exigir a un político es la honradez. Ni como tentación podemos aceptar en la mente de un servidor público el deseo de enriquecerse con lo que no le corresponde.

Me repito, pero no me importa. Para mí, la política es una vocación. El político ha de ser vocacional, como el médico, el maestro, el cura... Naturalmente, es una actividad que debe estar retribuida para que quienes la ejercen puedan dedicarse en cuerpo y alma a la tarea de intentar mejorar la vida de los demás. Pero el dinero no puede ser nunca el factor decisivo para dedicarse a la actividad política. Tiene que ser la vocación de servicio la que te impulse a elegir ese camino.

Si yo no hubiera tomado aquella decisión en 1983, probablemente habría ganado mucho dinero por el camino exitoso que me guiaba en aquellos momentos. Habría tenido la oportunidad de conocer otros países, de practicar mis aficiones. Ahora, casi seguro llevaría ya 15 años jubilado, disfrutando de la vida. Pero seguro que me habría planteado más de una vez por qué no di el paso de sacrificar cierto nivel de vida por otro, el actual, que me permite luchar por mi tierra.

Estar libre de la tentación de quedarse con lo ajeno, teniendo lo necesario para llevar una vida digna, debería ser, y de hecho lo es para la inmensa mayoría de la gente, un principio ético fundamental. Sin embargo, bastantes políticos han caído en la tentación de enriquecerse. Y, lo más increíble, hay ciudadanos que consideran la corrupción como algo secundario, cuando es la principal lacra a extinguir en todos los ámbitos, pero muy especialmente en la vida pública.

Como declaración de principios, en 1991 concurrí a las elecciones autonómicas con un eslogan que deja muy clara mi posición en este asunto: «Da tu voto a la honradez».

Aquel eslogan tenía sus razones. En aquella época se practicaba en mi tierra el famoso *«tres percent»*, pero en versión cántabra. El entonces presidente, al que me enfrenté con gran dureza, acabó condenado a seis años y un día de cárcel.

Paradójicamente, con aquel eslogan que proclamaba la honradez, el PRC sacó el peor resultado de su historia. Yo no daba crédito, pero los expertos en cuestiones electorales me decían que la honradez no vendía.

Sin embargo, está claro que, a largo plazo, la gente sí llega a valorarlo. De mí pueden decir muchas cosas, pero no que la honradez no sea la guía de mi conducta. De hecho, es un atributo ampliamente reconocido y forma parte de las razones por las que muchas personas me consideran una referencia.

Además, poder ir por la calle con la cabeza alta, sabiendo que jamás te has aprovechado del cargo público para beneficiarte, que nunca has colocado a un hijo, un sobrino o un pariente lejano, te permite mirar de frente y a los ojos a todas las personas con las que te encuentras. Y eso es impagable.

Pensemos en todos esos presidentes autonómicos que se desviaron del camino para enriquecerse. Ellos no pueden salir a la calle y mirar de frente a los ciudadanos. Es el caso de Jaume Matas, expresidente de Baleares; Ignacio González, expresidente de Madrid; Eduardo Zaplana, expresidente de la Generalitat Valenciana; Jordi Pujol, de Cataluña…

Sinceramente, creo que no merece la pena. Solo se vive una vez, y la mejor herencia que uno puede dejar a sus hijos cuando abandona este mundo es que la gente reconozca a su padre como alguien que fue, por encima de todo, un hombre honrado.

6. Huir de la envidia y el rencor

Para quien la padece, y son muchos, la envidia es sinónimo de infelicidad permanente. Los envidiosos siempre piensan que los que triunfan no se lo merecen y se comparan permanentemente a sí mismos con aquellos que viven mejor o son más felices que ellos, achacando tales circunstancias a factores de todo tipo, como la suerte o las malas artes. No son capaces de reconocer la valía personal.

Yo me considero un privilegiado por muchas razones, entre ellas porque tengo la fortuna de no haber envidiado jamás a los que tienen una vida de lujo. Me parece una buena praxis compararse con los que viven peor y agradecer lo que se tiene.

Tampoco sale rentable ser rencoroso. Claro que es difícil no sufrir a lo largo de la vida decepciones, traiciones e incluso puñaladas por la espalda. Nos pasa con amigos y hasta con familiares.

En la vida política es mucho más frecuente. No podéis imaginar las desilusiones que uno puede llegar a llevarse a lo largo de más de 40 años en la vida pública. En mi partido han sido comprados algunos alcaldes y diputados para conseguir mayorías en el Parlamento. Y cuando digo comprar, es literal. Personas que se comprometieron conmigo a defender mi proyecto político acabaron traicionándolo, en unos casos por dinero, en otros por nombramientos para cargos públicos bien retribuidos.

Sin embargo, al echar la vista atrás, no siento rencor, ni hacia los corruptores ni hacia los corrompidos. Me dan pena. Y supongo que, pasados los años, se habrán arrepentido, porque con sus acciones se ganaron el desprecio de aquellos que de verdad eran sus amigos.

Cuando me he encontrado con alguna de esas personas por la calle, no les he negado el saludo, aunque la mayoría de ellos sienten tal vergüenza al verme que evitan el contacto.

Suelo pensar que quienes traicionan a cambio de dinero y prebendas no pueden ser felices, porque la mala conciencia les acompañará siempre. Por el contrario, quien actúa con rectitud en todo momento puede mirar siempre de frente. Está claro que la envidia y el rencor no son buenos compañeros de viaje en el breve tránsito que tenemos por esta vida.

7. Sentirme querido

Para mí no hay nada más gratificante que sentirme querido. Y me encuentro en una etapa de mi vida en la que compruebo a diario el cariño de la gente. He constatado que hay miles de personas que me estiman y me valoran, lo cual me resulta enormemente placentero, aunque os aseguro que no he hecho nada conscientemente para llegar a esta situación. Simplemente me comporto tal como soy, como he sido siempre.

Recuerdo que cuando tomé posesión como presidente por primera vez, en julio de 2003, todo lo que hacía se convertía en noticia, y muchas veces para mal. Desde joven me ha encantado ir a las fiestas de los pueblos, donde la gente canta ataviada con trajes regionales, participa en danzas tradicionales, juega a los bolos… En las fiestas se respiran alegría y raíces populares. En el calendario festivo de Cantabria hay alrededor de 30 fechas a las que nunca falto.

Una de esas fiestas es la de San Cipriano, en el municipio de Cartes, que se celebra el 16 de septiembre. La tradición manda acompañar al santo en procesión y al son de los piteros hasta la ermita de Cohicillos. Son nueve kilómetros de ascensión, y los participantes acuden ataviados con albarcas, el calzado típico de los pueblos de Cantabria.

En 2003 acudí, como siempre, a San Cipriano. Era la primera vez que iba como presidente, e hice, como cada año, la subida en albarcas. Al día siguiente, algunos medios titulaban: «El presidente da la nota subiendo a San Cipriano en albarcas». Yo no salía de mi asombro. «¡Pero si lo he hecho toda la vida!», me decía.

Como persona normal que soy y me siento, mi reflexión es muy sencilla. Si siempre he calzado albarcas para acudir a esta fiesta, lo lógico es seguir haciéndolo, por más presidente que sea. A mi entender, la nota la habría dado si subo en zapatos.

Desplazarme en taxi para acudir a la Zarzuela fue otra de mis costumbres que se ganó titulares. Desde 1995, cuando entré por primera vez en el Gobierno de Cantabria como vicepresidente y consejero de Obras Públicas, siempre que he tenido que viajar a Madrid por razones de trabajo lo he hecho en avión desde Santander, utilizando el taxi para moverme por la ciudad y acudir al lugar de la reunión. Durante los ocho años en que fui vicepresidente y consejero nadie reparó en esta forma tan cotidiana de viajar.

Pero llegué a presidente y en mi primera visita a la Moncloa, donde fui recibido por José María Aznar, seguí el mismo *modus operandi* de siempre: avión a Madrid y taxi a la Moncloa. La noticia del día siguiente no fue lo que hablamos Aznar y yo. La noticia era «Revilla llega en taxi a la Moncloa», sin ninguna mención a lo tratado en aquel encuentro. Jamás pasó por mi cabeza convertirme en el titular de un telediario por ir en taxi. Tampoco he modificado mi manera de viajar: lo hago solo, sin escoltas y de la forma más económica que puedo, sin desplazamientos innecesarios de coches oficiales y personal.

8. Hablar claro

Mucha gente me traslada que le gusta escucharme porque siempre entiende lo que digo. Ya me lo decían mis alumnos cuando daba clases de Economía en la Universidad de Cantabria.

Como profesor y como político, mi aspiración ha sido siempre que la gente entienda lo que digo. Por eso procuro ser didáctico en el discurso y no utilizo un lenguaje sofisticado. El idioma español es riquísimo en vocabulario comprensible.

Es cierto que hay políticos torpes al articular las palabras, pero otros muchos recurren a una jerga lingüística deliberada para hablar mucho y no decir nada. En la antología de las intervenciones públicas quedará siempre la de María Dolores de Cospedal, cuando era la todopoderosa secretaria general del Partido Popular, en su etapa de Gobierno con mayoría absoluta.

Recordaréis lo ocurrido. Fue cuando se descubrió que el entonces tesorero del PP, el famoso Luis Bárcenas, tenía la friolera de 50 millones en Suiza, supuestamente porque se había quedado con un porcentaje de las entregas que algunos empresarios realizaban al partido a cambio de obras. Cuando se desveló que el PP le seguía pagando un sueldazo mensual, el presidente Mariano Rajoy encargó a su secretaria general que compareciera en rueda de prensa para explicar lo inexplicable. Y así lo hizo: «Vamos a ver…, la indemnización que se pactó fue una indemnización en difi…, en diferido, en forma, efectivamente, de simulación de…, simulación, o de lo que hubiese sido en diferido, en parte de una…, lo que antes era una retribución».

Al escucharla o leer sus palabras textuales cualquiera podría pensar que esta señora era idiota, pero no lo es en absoluto. Es abogada del Estado. ¿Por qué articuló entonces semejante barullo de palabras para no reconocer que, a pesar de saber que Bárcenas era un chorizo, le seguían pagando? Sencillamente, porque piensan que la gente es tonta y hablan de una manera incomprensible para que no se les entienda. Y así fue como doña Dolores pasó a llamarse doña Finiquito.

Cuando no tienes nada que ocultar, ni dependes de nadie, puedes decir las cosas claras y de manera sencilla, para que todos te entiendan, con independencia de que puedan estar o no de acuerdo contigo.

También hay que reconocer que mucha gente habla condicionada por su trabajo, o por su dependencia política, y no le queda más remedio que seguir el guion de quien le paga.

Yo mismo debo confesar que en una etapa de mi vida, cuando era director de un banco, no podía expresarme con la libertad que utilizo ahora. Por eso, en este momento me siento un privilegiado. Milito en un partido que creé yo en 1976 y cuya manera de actuar está muy condicionada por mi forma de entender las cosas. Los que militan en el PRC están imbuidos en gran medida por el ejemplo de mi trayectoria.

Todo lo que algún día ambicioné en la vida lo he conseguido, incluido el honor de ostentar la máxima representación institucional de la tierra donde nací y que tanto amo. No aspiro a nada más.

Soy casi absolutamente libre para decir lo que pienso sin tapujos. Si no lo hiciera así, sería un cobarde y, además, incapaz de conciliar el sueño.

Soy consciente de que no voy a cambiar el mundo, pero hablando claro me quedo en paz con mi conciencia, y sé que miles de personas me apoyan por actuar así. Conseguir que a esas personas no se les engañe con la doctrina oficial ya merece la pena.

LUGARES PARA LA MEMORIA

9. Momentos y lugares que merecen la pena

Pocas cosas hay más extraordinarias para mí que el hecho de ser reconocido en cualquier lugar de España. Me encanta que la gente se acerque a mí, y más cuando es para decirme cosas maravillosas.

Las ferias del libro se encuentran entre los lugares donde más disfruto. Tras el parón obligado por la pandemia, en 2022 pude volver a la Feria del Libro Madrid, en el Retiro, y a Sant Jordi, el 23 de abril, en Las Ramblas de Barcelona. Ese minuto de firma con cada uno de vosotros, la foto y una palabra bonita no tienen precio.

Tenía especiales ganas de volver a participar en los actos de Sant Jordi por dos razones. En primer lugar, porque para mí es un día mágico. Ver a miles de personas con una rosa y uno o varios libros me parece una auténtica explosión de amor y cultura, es algo verdaderamente único. La segunda razón tiene que ver con mi anterior libro, *¿Por qué no nos queremos?,* en el que abordé con gran dureza todo aquel proceso unilateral que iniciaron los políticos catalanes en su intento de alcanzar la independencia, conocido como el *Procés*.

Es muy fácil presentar en el resto de España un libro tan crítico con la aventura independentista que tanta fractura ha provocado en la sociedad catalana. En Cataluña es otra cosa, y por eso yo quería dar la cara ante los principales destinatarios de mis reflexiones: los catalanes.

Suelo estar bastante seguro de mí mismo, pero no oculto que sufrí cierta inquietud antes de saber cómo reaccionaría el gentío al verme sentado en una caseta de Las Ramblas, rodeado por otros escritores y con un montón de ejemplares de mi libro delante.

Llegué al lugar de la firma a las 10 de la mañana. Ya había una larga cola de gente esperándome y me recibieron con aplausos. Estuve en aquella caseta hasta las tres de la tarde firmando sin parar. Después de tomarme una hora para comer, volví y continué firmando hasta las 10 de la noche. Ni un mal gesto de nadie; todo lo que recibí fue afecto y cariño.

Lo más que algunos, no muchos, llegaron a decirme al acercarse a mí fue que no estaban de acuerdo con mis opiniones sobre el *Procés,* pero que me respetaban mucho. Y también me pidieron que, cuando acudiera a programas de televisión, hablara del trato que había recibido de los catalanes. Así lo hice en cuanto tuve oportunidad, y lo sigo haciendo.

Los catalanes me han recibido siempre con cordialidad y afecto. De hecho, Barcelona me parece una ciudad maravillosa, en la que la inmensa mayoría de la gente es acogedora y cordial.

10. Acogidas sorprendentes y maravillosas

Hablando de la acogida que recibo por todas partes, puedo contar muchísimas anécdotas que me han pasado y me pasan constantemente. En Zaragoza, por ejemplo, donde he estado dos veces, la gente no me deja coger un taxi. Cuando hice el ademán de solicitar este medio de transporte tan habitual para mí, el que paró ante mí fue un vehículo privado y su conductor se empeñó en llevarme a mi destino. No es un hecho aislado, me ha ocurrido siempre que he ido.

Conservo más de 500 cartas de familias de toda España que me ofrecen sus domicilios para pasar con ellos siete, 15 y hasta 30 días. Y no solo a mí, también a los míos. No se limitan a invitarme, también me mandan fotos de la casa y hasta de la habitación. Y muchos me hablan de sus habilidades gastronómicas, conocedores de que me gusta comer bien. Naturalmente, contesto a todos para trasladarles mi agradecimiento.

Pero lo más increíble me ocurrió a raíz de un programa de televisión, creo que fue *El Hormiguero,* cuando conté mi patología crónica de riñón. Muchos espectadores entendieron que podría necesitar un trasplante.

Recibí seis cartas, una de ellas de Cantabria y las otras cinco del resto de España, en las que personas a las que no conocía de nada me ofrecían un riñón. Pasé días muy preocupado, sin entender nada. Un gesto de tantísima solidaridad y complicación médica yo sólo lo tendría con un familiar cercano o un grandísimo amigo.

Naturalmente, me puse en contacto con todos para agradecerles su generosidad y decirles que mis problemas de riñón no requieren un trasplante. A dos de los donantes quise conocerlos personalmente. En concreto, a uno de Villanueva del Arzobispo, un pueblo de Jaén, y al ciudadano de Cantabria, funcionario de una biblioteca pública.

Me picaba la curiosidad y quería saber cómo eran capaces estas personas de tener un gesto de ese calibre con alguien a quien solo conocían a través de la televisión. Casi todos me dan los mismos argumentos: «Necesitamos creer en alguien, y en usted creemos». Sus explicaciones me ponían la carne de gallina y se me pasaban muchas ideas por la cabeza. Me preocupaba no ser como ellos imaginaban o fallarles algún día y que se les cayera el mito. También pensé en la cantidad de aprovechados que podrían sacar partido de gente tan buena.

11. Mis vecinos de Euskadi y Asturias

Euskadi y Asturias, mis vecinos del este y el oeste, son dos comunidades autónomas donde noto un calor especial entre la gente.

Euskadi marcó mi vida desde el momento en que llegué a Bilbao, en 1961, para estudiar en la Facultad de Económicas de Sarrico, en Deusto. Allí viví cinco años de carrera y dos trabajando.

Pasar de la «cárcel de los Salesianos» de Santander, donde cursé el bachillerato y sufrí lo indecible, a Bilbao cambió mi vida. Seguramente por eso, cada vez que tengo oportunidad, hablo de lo feliz que fui allí y mi aprecio al pueblo vasco.

Tampoco callé durante los 40 años que el terrorismo etarra asoló el País Vasco y el resto de España a la hora de denunciar a aquellos asesinos. Recorrí Euskadi de funeral en funeral, y algunos de aquella minoría me situaron en su punto de mira. Acabada aquella pesadilla, hoy puedo recorrer felizmente las calles de Bilbao y de pueblos como Orio, Astigarraga o Bermeo, donde suelo encontrarme con gente que me abruma con sus atenciones. Quizá mi coherencia ante el llamado problema vasco ha dado sus frutos.

Como Euskadi, Asturias es también para mí una tierra especial. Ya sabéis que nací en Polaciones, en el mismo lugar donde nace el río Nansa, que, en su desembocadura, divide los territorios cántabro y asturiano. Mis vivencias de niño, la forma de hablar, las canciones, la música de los gaiteros, son prácticamente iguales a las de Asturias.

La parte occidental de Cantabria y el oriente de Asturias son territorios geográfica, humana y culturalmente idénticos. Cantabria fue las Asturias de Santillana y entre Cangas de Onís y Liébana se fraguó la Reconquista de España. Como siempre digo, somos la misma tribu.

Los asturianos saben bien cuánto amo su tierra, a la que considero una prolongación de la mía. Me abruman con premios e invitaciones a todo tipo de actos, que muchas veces acepto, ya no solo por el cariño, también por razones de proximidad.

Tengo el honor de haber sido nombrado pregonero del Descenso del Sella sin ser asturiano de nacimiento. Tengo en mi poder el máximo galardón del sportinguismo. Soy Copa de Oro del Vino de Cangas de Narcea, Lámpara Minera de Mieres..., de Oro... En fin, que entre Asturias y Revilla hay un cordón umbilical que hace que nos queramos. Y, además, ahora hay un presidente en Asturias, Adrián Barbón, al que considero un hermano.

12. Más lugares especiales

Otro lugar mágico para mí son las Canarias. Recibo cantidad de visitas de canarios ahora que contamos con tres vuelos semanales entre Santander y las islas. Pero yo también he ido a menudo, sobre todo a Tenerife. Será por ser una isla, por su clima, por el acento de sus gentes... Canarias es especial.

Y qué decir de Andalucía. Cantabria y Andalucía están unidas poderosamente por lazos históricos, especialmente con Sevilla y Cádiz.

En el escudo de Cantabria aparecen la Torre del Oro sevillana, el río Guadalquivir y un barco rompiendo con la proa unas cadenas. Es el recuerdo de la que probablemente haya sido la mayor gesta de mi tierra en la historia.

En el siglo XIII, Sevilla era una de las mayores ciudades de Europa. Estaba dominada por los almohades. El rey Fernando III el Santo la asedió durante 10 años. En las murallas que aún se conservan de aquella época pueden apreciarse todavía los boquetes de los infructuosos ataques por tierra a la ciudad que tuvieron lugar en aquella época.

El almirante Bonifaz fue el protagonista de aquella gesta. Los castellanos dicen que era de Burgos. En Cantabria lo reivindicamos como cántabro. En Burgos existe una gigantesca estatua en su honor y Santander da nombre a una de sus calles. Lo cierto es que era francés: Boniface de la Camargue, inmortalizado como Bonifaz Camargo.

Da igual su origen. Lo importante es que aquel avezado marino organizó al servicio del rey una flota formada por 17 navíos de guerra para atacar Sevilla desde el Guadalquivir. El día 3 de mayo de 1248, los barcos cántabros, procedentes de Castro Urdiales, Laredo, Santander y San Vicente de la Barquera, con 1.200 personas a bordo, llegaban frente a la Torre del Oro y rompían las cadenas de los puentes de barcas que unían el monumento con el barrio de Triana, atacando desde el río a las tropas almohades.

La ruptura de los puentes partió Sevilla en dos. Tres meses después, los almohades se rendían y Fernando III el Santo entraba en el Alcázar.

Sevilla se repobló con cantidad de gentes de Cantabria, cuyos apellidos continúan siendo aún hoy muy abundantes en la ciudad. Aquellos cántabros se asentaron en los negocios del comercio y la ganadería.

Otra ciudad andaluza con muchas raíces cántabras es Cádiz, conquistada bastante más tarde que Sevilla. Fue Alfonso X el Sabio quien reconquistó la ciudad, junto con San Fernando y el Puerto de Santa María, en 1262.

El rey sabio era conocedor de la hazaña que habían protagonizado los cántabros en la conquista de Sevilla cuando mandó seleccionar a 300 familias de mi tierra, casi el 10 % de los habitantes de aquella época, para repoblar Cádiz.

Por todo ello, entre Cantabria y Andalucía existen lazos muy poderosos. Aquí queremos mucho a los andaluces, como ellos nos quieren a nosotros.

13. ¿Es en Cantabria donde menos me quieren?

Mucha gente me dice que en Cantabria me quieren menos que en el resto de España. Yo lo niego rotundamente.

Mis paisanos reconocen que durante muchos años he sido el mejor embajador de mi tierra y que, gracias a ello, esta región sin nombre hasta 1982 es ahora una tierra querida y reconocida. Pero sí es cierto que no pueden exteriorizarlo.

Soy un político que concurre a las elecciones de Cantabria desde 1983, enfrentándome desde el PRC a los demás partidos y candidaturas. Obviamente, para muchos soy un rival, incluso un enemigo.

En las últimas elecciones, celebradas en 2019, tuve el mejor resultado de mi larga trayectoria política. Mi partido obtuvo el 38 % de los votos. El 62 % restante votó a PSOE, PP, Ciudadanos, Podemos, Vox… Naturalmente, los que son de otros partidos no van a ir dándome abrazos por la calle. Tampoco dan palmas a mi paso.

No es el caso de mi presencia en Asturias, Euskadi, Cataluña, Canarias, Madrid, Castilla y León, Navarra, Rioja, Andalucía, Baleares, Extremadura, Castilla-La Mancha, Murcia, Valencia..., donde mi presencia desata pasiones, porque en estos territorios no compito con nadie.

Imaginemos por un momento que yo me presentara a las elecciones en uno de esos lugares donde siento un afecto especial: Asturias. Seguro que esa unanimidad de afectos que ahora me profesan mis vecinos del Principado se transformaría de repente en pitos de todos aquellos que militan y se presentan por otros partidos políticos, sencillamente porque ya no sería el simpático y campechano Revilluca, sino el rival que viene a quitarnos una parte de la tarta electoral.

Me siento muy orgulloso y agradecido a los 128.000 cántabros que dieron su voto al PRC en las últimas elecciones autonómicas y nos eligieron frente a auténticas multinacionales del poder, como son el PP y el PSOE, a los que derrotamos ampliamente.

Es más, estoy seguro de que una inmensa mayoría de los que no me votan no dejan de reconocer lo que he hecho o intentado hacer por esta tierra.

Estoy muy agradecido al trato que recibo de mis paisanos, incluidos aquellos que no me votan. En mis 40 años de actividad política, ha sido rarísima la ocasión en que he tenido encuentros desagradables. Aunque alguno ha habido, como relato en otro capítulo.

Si las cosas no hubieran sido así, habría resultado insoportable para mí, que nunca he llevado guardaespaldas y que recorro pueblos y calles, casi siempre con mi familia, sin ser increpado ni insultado delante de ellos. Siempre agradeceré a mis paisanos el trato exquisito y respetuoso que me dispensan constantemente.

Resumiendo, no es que en Cantabria no me quieran o me quieran menos que en el resto de España, sencillamente es que solo en Cantabria me presento a las elecciones. Cuando deje de hacerlo, seguro que el afecto será casi unánime. Y no digamos cuando palme.

LA TELEVISIÓN CAMBIÓ MI VIDA

14. Mi presencia ante las cámaras

Todo empezó en el año 1983. Cantabria estrenaba su autonomía y yo acababa de ser elegido diputado al frente de la candidatura del PRC. Solo conseguimos 2 de los 39 parlamentarios posibles.

En aquella época, la televisión en España solo tenía dos canales y había un programa que concitaba la máxima audiencia. Era *La Clave,* un espacio de debate que abordaba cualquier tema candente y que dirigía un periodista de máxima solvencia, José Luis Balbín. Siempre aparecía ante las cámaras fumando en pipa.

Pues bien, en aquel año 1983, *La Clave* decidió dedicar un debate a la recién nacida autonomía de Cantabria, cuando algunos todavía la cuestionaban. El programa se realizó en el marco incomparable del Palacio de La Magdalena de Santander. Como diputado del PRC, yo fui uno de los seis invitados, junto a representantes de UCD, PSOE, AP y un par de teóricos expertos. Fue la primera vez que me puse delante de una cámara.

Con motivo de la reciente muerte de José Luis Balbín, el 22 de junio de 2022, se han dedicado múltiples reportajes a su figura y a analizar la trascendencia que tuvo aquel programa en la época de la Transición política de España. En uno de esos reportajes apareció un fragmento del debate sobre Cantabria, en el que aparezco muy joven, con un pelo que casi me tapaba la cara y un bigote gigantesco.

Aunque no he vuelto a verlo completo, recuerdo que fue un programa intenso y que tuve algún que otro encontronazo con alguno de los participantes. Pero lo que nunca he olvidado es que al terminar el espacio se acercó a mí una azafata para pedirme que la acompañara, porque el señor Balbín quería hablar conmigo.

Me llevó a un despacho. El periodista se encontraba sentado tras una lujosa mesa, en un sillón de ejecutivo, dando bocanadas a su pipa. «Siéntate chaval —me dijo con voz imperativa—. Si hay algo de lo que yo sé es de televisión, por eso te voy a decir una cosa por si te sirve: cuando te pidan que te pongas ante una cámara, hazlo, porque tú das en televisión. Ese es un don que se tiene o no se tiene, y tú lo tienes». No dijo nada más. Me levanté, le di las gracias por el consejo y me fui.

He reflexionado muchísimo sobre aquellas palabras de José Luis Balbín. Está claro que lo clavó. Pocas personas, más allá de los presentadores profesionales de los telediarios y los espacios diarios de televisión, han aparecido tanto como yo en pantalla. Y quiero reafirmar que jamás he cobrado nada por acudir a un programa.

Es evidente que si aparezco tanto en televisión es porque me invitan a hacerlo, y si me invitan es porque doy audiencia. Hay quienes me critican por ello, pero no seamos hipócritas ni puritanos. Todo el mundo quiere salir en la caja tonta, y más si tiene como profesión la política. Me consta que en este mundo en el que me muevo hay tiros y todo tipo de presiones para aparecer en pantalla. Yo puedo jurar que jamás he llamado a una cadena de televisión para que me saquen. Al contrario. Muchas veces digo que no, porque no me parece buena tanta reiteración.

Bueno, tengo que confesar que hay dos excepciones. Hace algunos años, la gran Julia Otero conducía un programa de entrevistas en La 1, de Televisión Española, llamado *Las Cerezas*. Me gustaba mucho aquel espacio y siempre pensé que yo podía encajar como entrevistado. En aquel momento no la conocía personalmente, pero me atreví a mandarle a Julia una carta escrita de mi puño y letra para sugerirle que me invitara, en la seguridad de que haríamos una entrevista ingeniosa. Nunca me contestó. Años después la conocí personalmente. Me ha entrevistado varias veces en su programa de radio y le he recordado aquella carta que dejó sin respuesta. Creo que se arrepiente.

La otra excepción la hice con Jesús Calleja, y os la cuento en otra parte de este libro.

15. Una herramienta para promocionar Cantabria

En los últimos 25 años no ha habido un programa importante, de cualquier cadena de televisión, en el que no haya participado varias veces. Habréis observado que normalmente me dedican un espacio propio, en el que intervengo solo con el entrevistador. No voy a tertulias, en las que sabes de antemano lo que va a decir cada uno en función de la ideología o del medio del que cobran.

Al recordar algunos de los espacios en los que me han entrevistado creo que tengo algún récord: he sido protagonista de *Mi casa es la tuya,* con Bertín Osborne, en cuatro ocasiones; he intervenido tres veces con Jesús Calleja en los espacios *Volando voy* y *Planeta Calleja;* hice 14 programas con Andreu Buenafuente. También estuve ocho veces en *La Noria* de Jordi González; 40 llevo ya en *La Sexta Noche,* primero con Iñaki López y ahora con José Yélamo. He participado innumerables veces en el *Espejo público* de Susanna Griso. E incluso he llegado a grabar un espacio propio para Telecinco, formado por seis programas, en los que me dediqué a recorrer España para hablar con la gente, a veces personas famosas y otras simplemente curiosas. Aquel espacio se llamaba *Este país merece la pena*.

La lista es interminable, pero creo que es *El Hormiguero* el programa que más adentro me ha metido en la casa de todos los españoles. Hasta hoy he estado en 27 ocasiones. Me parece que es un récord total.

Y tengo que confesar que si no he ido más veces es porque durante años rechacé sus primeras invitaciones. Un asesor, asesora en este caso, me decía que ese programa no era para mí, hasta que un día, saltándome su recomendación *experta,* le dije: «Voy». Y hasta hoy.

Tengo un *feeling* especial con Pablo Motos. Es un tío muy bueno, me conoce bien y me saca todo el jugo. Cuando yo voy al programa, no hay guion. Y estoy encantado con el resultado. Es frecuente que la gente me diga por la calle que me conoce por *El Hormiguero* y que me pregunten que cuándo vuelvo.

Pablo Motos tiene para mí un mérito enorme. Hace años que es el gallo de las televisiones. Un luchador hecho a sí mismo que, antes de triunfar en la pequeña pantalla y convertirse en un comunicador tan grande, trabajó hasta de limpiacristales. Admiro profundamente a los luchadores. Hoy hasta las estrellas de Hollywood se pelean por aparecer en su programa, sin cobrar un euro, porque son conscientes de la audiencia que tiene. *El Hormiguero* se ve en todos los países de lengua hispana. En mi último viaje a México me sorprendió que la gente me reconociera y me parara por la calle. La razón: *El Hormiguero*.

Pero nunca llueve a gusto de todos. Una de las mayores críticas que recibo de la oposición en Cantabria es precisamente mi presencia en las televisiones. No se cansan de cuestionarla. No hay sesión parlamentaria en la que no hablen de ello, venga o no venga a cuento. Normalmente, admito esas críticas con humor, porque sé que ellos pagarían por tener las mismas oportunidades que a mí me brinda la televisión. Pero a ellos no les llaman, porque, como me dijo Balbín, «no dan».

Pero mi presencia en los programas televisivos no es ni por vanidad ni por afán de popularidad. Tengo mejores y poderosas razones para prodigarme lo mucho que lo hago ante las cámaras.

Comprenderéis que, a nivel personal, tanta exposición y conocimiento sobre mi persona es hasta un incordio a veces. Sin embargo, tengo claro que una de las responsabilidades que me corresponden como presidente de Cantabria es vender mi tierra y todos sus infinitos atractivos. No olvidéis que hasta 1982 ni siquiera teníamos este nombre y no éramos más que una provincia anodina en el panorama nacional, ubicada entre las bien conocidas Asturias y Euskadi. Pasábamos desapercibidos en medio de territorios con mucha más población o en permanente conflicto identitario con el Estado.

Desde que descubrí que lo que me había dicho Balbín era verdad, he utilizado la televisión, fundamentalmente y por encima de todo, para hablar de Cantabria. Esa publicidad gratuita que consigo en espacios *prime time* ha tenido un efecto impresionante en el sector turístico de la región y en la promoción de los productos que ya casi todo el mundo identifica con mi tierra. Los últimos veranos hemos batido todos los récords de visitantes, y es muchísima la gente que me para por la calle para decirme que han venido a conocer Cantabria por mí, para comprobar si es verdad todo lo que yo digo sobre ella.

¿Sabéis cómo negocio mi presencia en los programas? Nunca pongo vetos a una pregunta, pero sí exijo que al menos el 20 % de la duración del espacio se dedique a hablar de Cantabria.

Recuerdo la época en la que colaboraba con el espacio de Buenafuente en Barcelona. Andreu me dijo un día que había minutado el tiempo que pasamos hablando de mi tierra y que este se aproximaba al 30 %. Para lograrlo tuve que pasar incluso por alguna encerrona. Recuerdo una en concreto que, si llega a salir mal, me crucifican.

No sé si lo visteis. Fue en el primer programa que hacíamos juntos. Creo que Buenafuente estaba un poco picado conmigo. En una entrevista, un periodista me había dicho que las anchoas de La Escala eran tan buenas como las de Cantabria. Yo me quedé un momento pensativo y respondí algo de lo que hoy me arrepiento: «En tiempo de guerra se come de todo, pero comparar las anchoas de La Escala con las de Cantabria es como comparar un vino de Rioja o Ribera del Duero con un vino del altiplano de Bolivia». Me llovieron las críticas, y con razón, desde Cataluña, e incluso desde Bolivia.

Como buen catalán, Buenafuente preparó su venganza. A punto de terminar el programa, me espetó: «Usted de Cantabria lo sabe todo, ¿no?». «Casi todo», le contesté. Y ante mi perplejidad dio paso al plató a tres azafatas, que portaban tres carritos con tres bandejas: una con tres platos de anchoas, otra con tres platos de quesos y la tercera con tres vasos de agua.

El programa era en directo y me vi abocado, sin esperarlo, a reconocer a ciegas los productos cántabros. Por un momento me planteé levantarme y decirle que yo no había ido allí para eso, pero entre el público estaba mi mujer, que me había acompañado. La miré para que me ayudara a tomar una decisión. Sabido es que me quedé y me presté a la prueba.

No solo acerté con la anchoa de Cantabria, sino también con la de La Escala. Aunque lo demás me importaba menos, también distinguí el queso y hasta el agua. Andreu Buenafuente no salía de su asombro.

Con un fuerte aplauso de los cerca de 200 espectadores que asistían al programa en directo terminó aquel duro trago. Muchas veces me he preguntado qué hubiera pasado si me llego a equivocar, con qué cara habría vuelto a Cantabria. Pero acerté, y la consecuencia inmediata fue la firma de 13 programas más. En uno de ellos acabé cantando el himno cántabro, con Andreu de pie en el centro del plató y sin mover un músculo.

Aún me parece mentira que no me haya dado una explicación sobre las razones por las que terminó aquel idilio que teníamos. Creo que fue a raíz de mi veto a Joan Laporta para entrar en la Cofradía del Puro, en los años en los que estaba muy pesado con la independencia de Cataluña y las críticas a España.

En tiempos más recientes he realizado cuatro programas con Bertín Osborne. Y en todos ellos obligué a la productora de *Mi casa es la tuya* a cambiar el guion. Yo no fui nunca a la casa de Bertín en Sevilla. Todos los programas se grabaron en la mía, que es Cantabria.

El primero fue en Suances y en la cueva de El Soplao. Tuvo una repercusión extraordinaria. Lo vieron 5,5 millones de personas. Tanto la villa de Suances como El Soplao vivieron un auténtico *boom* tras la emisión.

El segundo lo grabamos en Liébana, con remate en la cumbre de Fuente Dé. Allí vivimos un incidente. Bertín no sabía que tenía que subir en el teleférico que en cuatro minutos supera un desnivel de 1.200 metros. Una vez dentro, se quería bajar, porque las alturas le producen vértigo. Divertido por su reacción, le dije que no tenía nada que temer, que en 40 años de actividad solo había habido 15 accidentes graves. Era mentira, claro. Pero, en ese momento, Bertín se tumbó en la cabina, se cubrió la cabeza con un chaquetón y no paró de gritar «¡cuánto falta!». Todo salió en el programa.

La promoción de Liébana fue impresionante, sin escatimar medios técnicos. Más de 50 personas y varios drones participaron para ofrecer al público unas imágenes acordes con la belleza extraordinaria del lugar.

El tercer programa lo hicimos en mi municipio, Polaciones, y en Ajo. Empezamos en Polaciones, junto a la estatua erigida en mi honor y ubicada en el primer pueblo del valle, La Laguna. Soy consciente de que sacarme a mi guapo es complicado, pero creo que al autor se le fue la mano a la hora de resaltar las partes menos agraciadas de mi anatomía. Bertín se despachó a gusto, vacilándome sobre el auténtico eccehomo cántabro.

Desde que se emitió ese espacio, la estatua se ha convertido en punto de peregrinación, de lo que se beneficia el restaurante Casa Enrique, propiedad de parientes míos y que recomiendo por lo bien que allí se come. El propietario, Enrique Morante, es un calco de Revilla, pero más alto.

El cuarto programa con Bertín lo grabamos íntegro en la joya de la corona turística de Cantabria: el Parque de la Naturaleza de Cabárceno. Como los anteriores, también impulsó un aumento espectacular de las visitas. Hubo un momento en el que, ante tanta belleza, Bertín se quedó mirando a la cámara y aseguró de forma solemne: «Yo he visitado los lugares más bellos del mundo, pero como Cabárceno no he visto nada igual». Semejante publicidad ante cinco millones de espectadores no tiene precio. Obviamente, a mí también me parece que Cabárceno es un lugar mágico, pero cuando lo digo yo no tiene el mismo valor, porque se me supone en la obligación de elogiar los atractivos de mi tierra.

Personajes tan famosos como Bertín suelen despertar el interés y la curiosidad de la gente. A mí me preguntan con mucha frecuencia por ellos. Bertín Osborne es un hombre polémico, muy criticado por los sectores de izquierdas. Yo mismo tengo muchas discrepancias con él cuando hablamos de política, pero es un gran tipo, muy amigo mío, y le admiro porque siempre dice lo que piensa.

Otra intervención televisiva que tuvo mucho éxito fue en *La Sexta Noche,* cuando el cocinero Chicote aceptó el desafío que le planteé para preparar un plato en directo y someternos en una cata a ciegas al veredicto de un jurado de cocineros profesionales. Os recuerdo cómo surgió el tema.

Yo había acudido como invitado al programa *La Sexta Noche* junto con Chicote, que en aquel momento triunfaba con un espacio llamado *Pesadilla en la cocina*. Chicote intervenía justo antes que yo, y el presentador, entonces Iñaki López, me invitó a entrar en plató al final de su entrevista para saludarle. Le di la mano y, con el tono irónico que me caracteriza, le dije: «Te veo echar la bronca a todo dios, pero no te he visto nunca preparar un plato. Propongo a la cadena que organice aquí un desafío en directo: cocinamos cada uno el plato que mejor sepa hacer y lo sometemos al juicio de cocineros reputados, que no sabrán quién ha elaborado qué». Iñaki abrió unos ojos como platos al intuir un programa de máxima audiencia: «¡Hay que hacerlo!», exclamó.

Chicote se quedó dubitativo unos segundos, pero acabó aceptando el desafío. El programa se anunció como «Duelo al sol Chicote-Revilla» y se fijó para el 29 de junio de 2013. Y llegó el momento de la verdad.

En el plató habían montado dos cocinas con todos los utensilios necesarios. Yo llegué con dos horas de antelación y llevé dos grandes bolsas llenas de los ingredientes que iba a utilizar. El día anterior me había levantado a las seis de la mañana para llegar a las laderas del Cuchillón, en las proximidades del pico Tres Mares, y coger un kilo de perrechicos en un setal que sólo yo conozco.

Un vecino de la zona, en el municipio de Campoo de Suso, tenía entonces una gallina que solo ponía huevos de dos yemas. Llevé una docena. También contaba con perejil de Cueto, un barrio de Santander; unas cabezas de ajo, naturalmente de Ajo; unos trozos de tocino de un *chon* matado en Polaciones y pan de Orzales, hecho en Campoo de Yuso. Hasta la sartén era de Cantabria, de una cooperativa de Guriezo que elabora la marca Magefesa-Vitrinor. Mi plato era sencillo, pero corría el riesgo de fallar en la elaboración al hacerlo en directo en un programa de televisión. Era un revuelto de perrechicos, con setas, tocino, perejil, ajo y media docena de huevos.

Cuando llegué a los estudios de *La Sexta Noche,* me encontré un despliegue impresionante del equipo de Chicote. Había una furgoneta serigrafiada con el logotipo «Chicote Production», de la que no paraban de salir ayudantes y sacar ingredientes. «¡Pero qué hago yo aquí con estas dos bolsas!», me pregunté. Chicote había elegido un plato de mucha más elaboración que el mío, llamado «arroz cremoso en carcasa de queso manchego».

A las 22:00 horas comenzó el espectáculo. Teníamos una hora para preparar el plato. Mientras cocinábamos, Iñaki iba de uno a otro micrófono en mano para hacernos preguntas. A las 23:00 horas teníamos que dar por finalizado el trabajo. Yo no estaba demasiado contento con el resultado de mi guiso, porque el huevo se había cuajado en exceso.

Llegó la hora de la verdad y colocaron en una mesa los dos platos: mi revuelto de perrechicos y el arroz cremoso de Chicote. Frente a la mesa, tres sillas para los periodistas de tres acreditados medios de comunicación nacionales, responsables de sus secciones gastronómicas. Nosotros, apartados de los platos, en un lateral del plató, mientras los catadores empezaban a puntuar.

Mi revuelto recibió un 8, un 7 y un 6,5; 21,5 puntos en total. El de Chicote, un 6, un 7 y un 7,5; total: 20,5.

Cuando anunciaron el resultado, la cara de Chicote era todo un poema. Un afamado cocinero había perdido contra un político. Sé que le sentó mal y, al final del programa, tuvo una larga discusión con una periodista de un periódico valenciano que alegaba que el arroz estaba un pelín salado.

Al final, yo me disgusté por haber ganado, porque, a fin de cuentas, él es un gran profesional de la cocina. Las redes sociales le vacilaron bastante por su derrota. Para quitarle el mal sabor de boca, le invité a pasar un par de días en Cantabria y aceptó.

Queda claro, pues, que mi primera motivación a la hora de acudir a un programa de televisión es promocionar mi tierra. Al hacerlo, he tenido la oportunidad de forjar una gran amistad con los presentadores con los que he pasado tantas horas ante las cámaras. Iñaki López, su esposa Andrea y su hijo Roque forman ya parte de mi familia. Lo mismo me ocurre con Susanna Griso, sencilla, humana, solidaria, una mujer extraordinaria. Jesús Calleja es otra persona maravillosa y un gran amigo. Baste decir que un día de Navidad, hace tres años, se presentó a comer en mi piso de Astillero con toda su familia avisando una hora antes.

También tengo una relación muy especial con José Mota, que me suele imitar en ese programa de Nochevieja que año tras año barre en audiencias. Es un auténtico genio.

16. Un altavoz útil contra las injusticias

El enorme poder de influencia de la televisión no solo me ha resultado útil para dar a conocer y promocionar las excelencias de Cantabria y sus bellezas infinitas. También ha sido un altavoz para apoyar causas justas y reclamar la solución de injusticias terribles. A lo largo de los años, la televisión se ha convertido para mí en una plataforma de denuncia permanente frente a atropellos y corrupciones.

Entre los temas en los que más me he volcado están, por ejemplo, el escándalo de las preferentes, o la negativa de las Administraciones públicas a dispensar el medicamento capaz de salvar la vida a los enfermos de hepatitis C, el Sovaldi; la injusticia terrible que sufrieron las víctimas de la talidomida, aquel fármaco que dejó mutilados a más de 3.000 españoles; o la denuncia con nombres y apellidos de las decenas de corruptos que han protagonizado la actualidad española en los últimos años. Voy a rememorar estas historias tremendas.

Las preferentes

Seguro que todos recordáis el escándalo de las preferentes. En la década de 2000, los bancos y cajas de ahorros captaron a más de un millón de clientes, la mayoría de edad elevada y escasos conocimientos económicos, para venderles un nuevo producto financiero que bautizaron como «preferentes». Ofrecían una rentabilidad un poco superior a la del mercado, con la promesa verbal de garantizar la total liquidez, lo cual suponía el reembolso inmediato de todo el capital invertido cuando el cliente lo reclamase. Lo que no explicaron fue la letra pequeña que figuraba en el documento que suscribían y que ligaba la cantidad aportada a la evolución de las acciones. La crisis que comenzó en 2007 hundió el valor de estos productos y la devolución de lo que los inversores habían creído hasta entonces un dinero disponible.

Seguro que oísteis denunciar esta injusticia en todos los medios de comunicación. Participé en muchas manifestaciones para exigir justicia frente a esta estafa. Tras más de cinco años de lucha, los tribunales fueron condenando a bancos y cajas a devolver el dinero. Pero los estafados vivieron un auténtico calvario antes de recuperar lo que era suyo. Muchos murieron sin conseguirlo, tal vez por el disgusto de creer perdidos los ahorros de toda una vida. Aquellos pequeños inversores fueron abandonados a su suerte por el Gobierno de España. La Fiscalía General del Estado jamás se dignó a abrir una causa global, instando a una resolución judicial que reparara el problema en su conjunto, mientras poco a poco los juzgados iban emitiendo sentencias individuales en las que la conclusión era siempre la misma: aquellas personas habían sido engañadas y procedía la devolución del dinero.

En las mismas fechas, el Gobierno habilitaba 100.000 millones de euros de todos los españoles para tapar los agujeros de bancos y cajas de ahorros. Nunca lo devolvieron.

El Sovaldi

Otra injusticia atroz contra la que me involucré al máximo y que no me cansé de denunciar siempre que tenía un micrófono delante fue la que sufrieron hace algunos años los enfermos de hepatitis C. Más de 900.000 españoles portaban el virus en 2014 cuando apareció un fármaco llamado Sovaldi que cura prácticamente el 100 % de los casos. El problema es el coste, 60.000 euros por tratamiento.

Miles de afectados salieron enseguida a la calle en toda España y ocuparon hospitales para solicitar la cura. El Ministerio de Sanidad se negó a facilitarles aquel fármaco, aduciendo que su coste era inasumible. Yo recorrí todos los platós de televisión para condenar aquella negativa y participé en concentraciones de afectados.

«¡Qué injusto dejar morir a 100 personas al día con el argumento de que no hay dinero para curarlas!» «¡Que recorten los sueldos de los políticos, el mío el primero!» «¡Que reduzcan el presupuesto militar, el de carreteras…!» «¡Que cierren el Senado!», argumentaba yo cada vez que tenía ocasión.

En aquellos días tan amargos yo era diputado de la oposición en el Parlamento de Cantabria, pero poco después, en 2015, recuperé la Presidencia del Gobierno. El primer acuerdo que adoptamos fue suministrar el Sovaldi a los 850 pacientes que sufrían hepatitis C en la región. Un tiempo después comenzaron a hacer lo mismo el resto de las comunidades autónomas.

Pero la tardanza en dar ese paso se llevó por delante la vida de miles de españoles que hoy podrían estar entre nosotros. No hay argumentos para no salvar una vida humana cuando se puede.

Recuerdo que recibí cientos de cartas que coincidían en un texto muy similar: «Gracias por salvarme la vida». Aún las conservo, y me resulta muy gratificante releerlas.

En octubre de 2019, el consejero de Sanidad me planteó una situación excepcional para atajar una enfermedad, la hemofilia A, que afecta a muy pocas personas. Me contó que había dos pacientes ingresados en el Hospital Marqués de Valdecilla (Santander), uno de Cantabria y otro de otra región. Los laboratorios Roche habían conseguido un medicamento (Hemlibra, nombre comercial del emicizumab) que evita la muerte. Aunque no cura la enfermedad, previene las complicaciones hemorrágicas. Suministrado una o dos veces por semana a domicilio, permite al enfermo obtener cierta calidad de vida. El tratamiento para un solo paciente cuesta 492.000 euros. El Consejo de Gobierno de Cantabria aprobó suministrarlo a los dos pacientes ingresados en Valdecilla.

Hicimos lo que teníamos que hacer. Y aprovecho para denunciar, una vez más, el negocio farmacéutico y que no haya disposiciones para nacionalizar los medicamentos una vez amortizado el coste de producción y el lógico beneficio de las empresas. Debería ser obligatoria la producción de genéricos que lleguen a todos a un coste razonable. En el caso que acabo de relatar, el Gobierno de Cantabria pudo costearlo, pero hay millones de depauperados en países del tercer mundo que mueren todos los días por no tener acceso a las medicinas.

La pandemia de la Covid-19 ha vuelto a poner de manifiesto la necesidad de anteponer la humanidad a la rentabilidad. Aunque la falta de acceso a la vacuna pone en riesgo a todo el mundo, la vacunación sigue siendo escasa entre la población de los países más pobres. Y la razón siempre es la misma, el dinero.

Mi frustración con la talidomida

De todos los escándalos relacionados con la sanidad que hemos sufrido en España, el caso de la talidomida es para mí el más sangrante reflejo del país en el que vivimos.

Corría la década de 1950 cuando la compañía farmacéutica Grünenthal sacó al mercado en todo el mundo un producto de gran éxito popular, denominado talidomida. Se presentó como la solución para evitar los mareos y los vómitos tan habituales en las mujeres embarazadas. Nadie habló de efectos secundarios, pero aquel fármaco provocó una auténtica catástrofe: miles de bebés nacieron en todo el mundo con graves malformaciones. En España hubo alrededor de 3.000 afectados.

La constitución de la Asociación de Víctimas de la Talidomida (AVITE) supuso el inicio de una auténtica odisea de juzgado en juzgado para exigir a la farmacéutica alemana una indemnización por todo el dolor y el daño causado. En 2015, la demanda llegó por fin al Tribunal Supremo. La sentencia fue terrible y lacónica: no procede atender la reclamación porque el delito ha prescrito.

Los afectados presentaron recurso ante el Tribunal Constitucional, que en agosto de 2016 resolvió dando por buena la sentencia del Supremo: el delito había prescrito. España es el único país del mundo donde la farmacéutica Grünenthal ha quedado impune.

Ya solo quedan con vida en nuestro país unos 200 afectados, que lloran con sus mutilaciones y se sienten impotentes y avergonzados de unos gobiernos que les han dejado tirados. De vez en cuando recibo a una comisión de afectados y hago lo único que puedo: denunciar el atropello más grande que haya sufrido un colectivo humano en España.

17. El programa que más me ha impactado

De todos los programas de televisión en los que he participado, y han sido unos cuantos, del que más satisfecho me siento es del que grabé con Jesús Calleja entre Polaciones y Liébana.

De entrada, tengo que confesar que yo siempre he tenido una espinita clavada, un cargo de conciencia por haber juzgado desde el desconocimiento a quienes, durante la Guerra Civil y la posguerra, tuvieron que abandonar sus hogares y familias y echarse al monte huyendo de la represión franquista.

Durante mi infancia, entre los años 1943 y 1953, había reductos de emboscados, o maquis, como también se les conocía, en los montes cercanos a Polaciones. Muchas de aquellas gentes habían apoyado a la República y, al finalizar la guerra, constituyeron una especie de guerrilla, pero los montes derivaron pronto en un simple refugio donde intentaban subsistir sin someterse a la represión de la dictadura.

Alguna vez tuve la ocasión de encontrarme con un maquis. A mis ojos de niño no eran más que bandoleros, bandidos y asesinos. Claro que cuando uno ya tiene uso de razón, entiende que eran personas normales y corrientes, que se vieron obligadas a huir de sus casas y dejar atrás a sus familias, porque al finalizar la Guerra Civil todo lo que les esperaba era la cárcel, las torturas e incluso la muerte.

No solo en Polaciones, también en Liébana, fueron muchos los que sobrevivieron durante años a la persecución de las fuerzas de seguridad del Estado al abrigo de las montañas.

En el año 2020, acabábamos de salir del confinamiento cuando coincidí en Potes con el alcalde de

Vega de Liébana, Goyo Alonso. Él conocía mi interés por los maquis y mis ganas de visitar alguna de las cuevas en las que se habían refugiado y sobrevivido. Por eso me contó que un agente del GREIM, Fran Caso, había descubierto pocos días antes una cueva inédita, a la que no había accedido nadie desde que fuera habitada en los años 40 por uno de aquellos huidos, de nombre Segundo Bores.

Mostré tal interés que Goyo me presentó al agente, con quien me acerqué a realizar una inspección ocular de la zona donde se encuentra la cueva. Allí me relataron la historia de Segundo Bores, y, tras conocerla, hice algo que no había hecho nunca antes.

Hasta ese día, jamás había pedido intervenir en ningún programa de televisión. Pero esta vez lo hice. Llamé personalmente a Jesús Calleja, con quien mantengo una excelente relación, para pedirle que se interesara por la historia que yo acababa de descubrir. En cuanto se la expliqué, vio rápidamente lo interesante que era y las posibilidades que ofrecía, por lo que no solo la aceptó como contenido de su programa *Planeta Calleja,* sino que me animó a que yo mismo preparara el guion del reportaje.

Así fue como se gestó una grabación que iniciamos en Polaciones, en el lugar donde yo viví con nueve años uno de los momentos más impactantes de mi vida. Ya lo he contado en otro libro, pero creo oportuno recordaros aquella experiencia.

Tama es una pedanía del municipio de Cillorigo, muy próximo a Potes, la capital de Liébana. Entre los años 1940 y 1957, toda esa zona estuvo plagada de maquis. A las afueras del pueblo, en una modesta casa de ganaderos, vivían Dominador y Carmen, un matrimonio con dos hijas (Carmina y María Eugenia), que en 1952 acogió en su hogar a cuatro guerrilleros: Hermenegildo Campo, natural de un pueblo próximo llamado Tresviso; Joaquín Sánchez Pin, apodado «el Andaluz»; un tercero de apodo «el Chino» y Quintiliano Guerrero, también conocido como «el Tuerto», porque le faltaba un ojo.

Era el 20 de octubre de 1952. Sobre las nueve de la mañana, el sargento jefe de la Comandancia de Potes, acompañado por cuatro guardias civiles, inició registros por las casas hasta llegar a la vivienda de Dominador. Nada más entrar, alguien comenzó a disparar desde una habitación, iniciando un tiroteo en el que resultaron muertos el sargento, el guerrillero Hermenegildo y una de las hijas del matrimonio, con la que el maquis mantenía una relación sentimental.

Los otros tres emboscados saltaron por una ventana y trataron de huir, pero fueron perseguidos por los guardias civiles que se encontraban apostados a las afueras de la casa. En aquella persecución resultaron abatidos Joaquín Sánchez y el Chino. Solo logró escapar Quintiliano Guerrero, el Tuerto.

En los alrededores de la vivienda donde se produjeron los hechos fueron concentrándose entonces más guardias civiles. Un somatén (así se llamaba al conjunto de personas adeptas al régimen que en cada pueblo servían de apoyo y confidencias a las fuerzas del orden) relató con detalle al escritor Antonio Brever, autor de un libro sobre estos hechos, todo lo que vio.

En su relato detalla cómo llegó a la casa un mando de alta graduación identificado como el comandante Nespral, que sometió al matrimonio a una especie de juicio de guerra y lo condenó a muerte. Eso sí, antes de la ejecución, les ofreció la presencia de un sacerdote para que confesaran. Ellos lo rechazaron.

En ese momento apareció la hija adolescente, a la que Dominador y Carmina habían mandado a casa de un familiar. Fusilaron al padre antes de ejecutar a la madre y a la niña abrazadas. Tras la espantosa masacre, rociaron con gasolina la vivienda y le prendieron fuego. Hace algún tiempo tuve ocasión de contemplar los restos. Nadie ha vuelto a levantar aquellos muros.

Al día siguiente, el 21 de octubre de 1952, yo me encontraba a 25 kilómetros de allí, en Salceda. Habíamos comido pronto, porque los vecinos teníamos que salir a «hacer la hoja». ¿Qué es eso?, os preguntaréis con toda lógica, ya que la respuesta solo la conocemos los de Polaciones. Para nosotros una costumbre, «hacer la hoja» es cortar ramas de roble en otoño para almacenarlas en los pajares y alimentar a cabras y ovejas durante el invierno. La hierba que lográbamos reunir no era suficiente para todo el ganado y la reservábamos únicamente para las vacas y las caballerías, por lo que las cabras y las ovejas sobrevivían al invierno a base de hoja.

Salceda no tiene ni un solo roble, solo enormes hayedos. Pero a un kilómetro de la Cruz de Cabezuela, ese lugar mágico para mí donde algún día descansarán mis restos, ya en territorio de Liébana, hay muchísimo monte bajo de roble, ideal para recolectar cantidad de ramas.

Al encontrarse en territorio lebaniego, lo que íbamos a hacer ese día los habitantes de Salceda era ilegal, por lo que antes de la partida se dieron instrucciones concretas sobre dónde hacer la corta. Un grupo de niños fuimos comisionados para apostarnos en una zona despejada, a una distancia considerable del «lugar del delito», para avisar de la posible llegada del guarda forestal de Liébana y huir a toda velocidad. A mí me pusieron al frente de aquel grupo, del que formábamos parte 12 niños. Como ya he dicho, yo tenía nueve años.

Eran las dos de la tarde cuando los taladores de ramas de roble empezaron su tarea, dando golpes de hacha con sumo cuidado para no hacer excesivo ruido. En una loma bastante distante nos apostamos los niños, como si fuéramos suricatos encargados de descubrir enemigos. En plena vigilancia estábamos cuando, de repente, como salido del centro de la tierra, emergió un hombre. No nos dio tiempo a levantarnos del suelo.

Vestía de verde y portaba un gran chaquetón, con correajes cruzados al pecho, y como cinturón, unas cartucheras. En la mano, una especie de metralleta. Su cara era muy especial, porque le faltaba un ojo.

Yo no sentí miedo, pero sí temí haber fracasado en mi tarea. Pensé que era el guarda de montes de Liébana, pero en realidad era Quintiliano Guerrero, el Tuerto, único superviviente del enfrentamiento con la Guardia Civil del día anterior en Tama.

—A ver —dijo—, poneos en fila india y llevadme a donde están los que cortan madera.

Tras 10 minutos de marcha en compañía del Tuerto, nos presentamos ante los vecinos, que ajenos a lo ocurrido seguían apilando ramas de roble. Con energía y a grito pelado, el maqui nos mandó agruparnos y sentarnos en corro, mientras empuñaba el arma de manera amenazante. Una vez que obedecimos, se identificó y nos contó lo que la Guardia Civil había hecho el día anterior. Echaba sapos y culebras por la boca. Nos dio un auténtico mitin sobre la dictadura de Franco.

Una vez aleccionados, nos tendió una mochila y nos pidió que metiéramos dentro todos los víveres que llevábamos para la merienda. Pan y chorizo, sobre todo. Sus últimas palabras fueron para ordenarnos que permaneciéramos allí una hora, sin movernos. Y nos advirtió que si a alguien se le ocurría acudir a la Guardia Civil para relatar lo que había visto, él volvería con más compañeros para quemar el pueblo.

Obedecimos. Esperamos la hora que nos marcó antes de regresar a Salceda. Serían las siete de la tarde cuando llegamos. Recuerdo que se convocó de inmediato un concejo de todos los vecinos para decidir qué hacer. Había quienes querían guardar silencio para evitar las posibles consecuencias de las amenazas del Tuerto. Pero la gran mayoría sostenía que mayores represalias tomaría la Guardia Civil si descubría que habíamos encubierto a un «bandolero». Se comisionó a un mozo de unos 26 años, llamado Felipe, para que cogiese la única bicicleta que había en el pueblo y se presentara en el cuartel más próximo, que estaba a 29 kilómetros, en Puentenansa, para denunciar los hechos.

A la mañana siguiente, al menos 40 guardias civiles se personaron en Salceda. Registraron casas, cuadras y pajares. Naturalmente, no encontraron a nadie.

El 16 de abril de 1953, Quintiliano Guerrero fue abatido en un monte del pueblo de Tresviso. De la otrora numerosa partida de guerrilleros solo quedaron Juanín y Bedoya, que no se encontraban aquel día en la casa maldita de Tama. Juanín moriría a manos de la Guardia Civil a la entrada de su pueblo natal, en Vega de Liébana, el 25 de abril de 1957, una noche que bajaba a buscar algo de comida. Bedoya fue abatido desde un coche por miembros del Cuerpo Nacional de Policía en las proximidades de Castro Urdiales, cuando intentaba huir a Francia en una moto.

Con el relato de estas vivencias comenzó mi intervención en el programa de Jesús Calleja, cuyo punto álgido fue la historia de Segundo Bores y la escalada hasta la cueva en la que habitó durante varios años.

Para seguir sus pasos hasta allí, los encargados de la producción del programa de Calleja instalaron una tirolina, que salvaba el desnivel de 200 metros en la montaña. Lamentablemente, el día de la grabación soplaba un fuerte viento en los montes de Liébana y fue imposible utilizarla.

Pero sí hicimos un ascenso de cuatro horas hasta llegar al pie de la cueva, donde conocimos una historia tremenda. Si no habéis visto el programa, os recomiendo que lo hagáis, porque merece la pena que todos los españoles conozcan ese capítulo terrible de nuestra historia.

Segundo Bores Otamendi era natural de Bejes. Nació en 1908 y se casó con Beatriz, natural de Lebeña, donde ambos se establecieron y tuvieron a su hijo Ramón. Todos los que los conocieron aseguran que eran gentes de bien. En una época en la que escaseaban los maestros, Segundo se dedicaba a dar clases a los chavales de Lebeña. No cometió más delito que ser republicano.

Tanto él como su mujer sufrieron penas de prisión, que les alejaron de su hijo. Son especialmente conmovedoras las cartas de amor que intercambiaron desde sus celdas, en las que expresan su anhelo de vivir en paz y libertad junto a su pequeño. Por desgracia, su deseo nunca se cumpliría.

Finalizada la Guerra Civil, Segundo no halló otra salida que echarse al monte para conservar la libertad. Se refugió en la cueva Agüero, desde la que se divisaba Lebeña, el pueblo donde vivía su familia. Para llegar a la cueva que durante años fue su hogar no solo tenía que ascender sobre los escarpados picos lebaniegos, sino también escalar una pared vertical de más de 25 metros. En su ascenso a la cueva, Jesús Calleja encontró vestigios de los peldaños de madera de enebro, cables y cuerdas de los que se ayudaba y que escondía cada vez que entraba o salía.

Conocidas las condiciones en las que vivió, está claro que Segundo Bores fue un hombre muy habilidoso y, además, valiente, porque se jugaba la vida cada vez que salía de la cueva.

El 25 de mayo de 1944 es una fecha que permanece muy viva en el recuerdo de su hijo Ramón. El pequeño regresaba de la escuela cuando oyó gritos y lloros en su casa; eran su madre y sus tías. Su padre había sido abatido a quemarropa por una pareja de la Guardia Civil cuando regresaba a la cueva. Segundo murió con 36 años. Al parecer, le delató un familiar harto de la presión a la que estaba sometida toda la familia por parte de las fuerzas de seguridad.

Poco tiempo después falleció también Beatriz. Con tan solo 13 años, su hijo Ramón fue reclamado desde México por un tío, Florencio Bores, huido también años antes a causa de la persecución franquista. Una de sus nietas recordó en el programa cómo asumió la tutela del joven huérfano y la tarea de convertirle en un hombre de bien como un gesto de venganza y rebeldía contra aquellos que tanto hicieron sufrir a su familia.

Ramón accedió a participar en el programa de Calleja desde su hogar mexicano. Conseguimos conectar con él a través de una videoconferencia y fue auténticamente conmovedora la serenidad y la ausencia de rencor con la que recordó a sus padres y su propia historia.

El programa impactó mucho a quienes lo vieron. Es un auténtico ejercicio de memoria histórica, un relato que es bueno conocer para que no se vuelva a repetir jamás aquello que ocurría en la España de los años 40 y 50.

Tras la muerte de Segundo, la cueva Agüero permaneció durante largos años en el olvido, conocida solo por algún pastor de los que frecuentan las cumbres lebaniegas. Fran Caso, el agente del GREIM, la localizó por pura casualidad, cuando buscaba zonas para escalar en algunos de los parajes más inaccesibles de los picos de Liébana.

Dentro de la cueva encontró una horma de zapato y algunos materiales que nos llevaron a pensar que Segundo practicaba el oficio de la zapatería y fabricaba calzado que descolgaba de la cueva para que su mujer pudiera venderlo. También halló unas alpargatas, que probablemente utilizaría para escalar, un paraguas, dos asientos y un camastro, herramientas, botes de medicinas... En fin, vestigios de la vida diaria de este maquis lebaniego.

Su historia me ha reconciliado con una etapa en la que llegué a juzgar la realidad de las personas que, como Segundo Bores, tuvieron que dejar todo atrás para guarecerse en las montañas. Y me ha vuelto a enseñar que no debemos juzgar a nadie sin conocer su realidad.

18. Por qué doy en televisión

Os he explicado hasta aquí mis grandes motivaciones para prodigarme en televisión, que pasan por hacer de mi tierra un lugar más y mejor conocido, combatir las injusticias sociales y denunciar la corrupción. Llevo años haciéndolo gracias a aquel consejo de Balbín, que he seguido a rajatabla. Parece que acertó cuando me dijo: «Chaval, [...] cuando te pidan que te pongas ante una cámara, hazlo, porque tú das en televisión».

Me he preguntado muchas veces por qué me llaman de tantos programas. La primera respuesta es fácil: me llaman porque doy audiencia, ya que ese es el objetivo de cualquier medio de comunicación. Surge, pues, otra pregunta: ¿por qué doy audiencia y a la gente le gusta verme en la pantalla? Yo tengo mi propia explicación.

Creedme que cuando estoy en un programa nunca estoy pendiente ni de la cámara ni de los potenciales espectadores. Yo le hablo al que me pregunta, como hablaría con cualquiera de vosotros si me preguntáis por algo. Por eso me desconcierta a veces que el entrevistador no esté concentrado en lo que digo para asentir o discrepar.

Hablando con la gente, hay dos comentarios que me suelen hacer. Uno, que siempre se me entiende lo que digo cuando aparezco en televisión. El segundo, que digo cosas que otros no se atreven a decir.

Pues ahí debe de estar la cosa. Continuamente me dicen que hablo claro. Durante los 12 años que fui profesor de Economía en la Universidad de Cantabria era una constante. Año tras año, los alumnos opinaban que incluso en una asignatura como Economía en la carrera de Derecho entendían perfectamente mis explicaciones.

Siempre he utilizado un lenguaje sencillo, para hablar y para escribir. Todos los libros que he escrito están redactados a mano, con bolígrafo, buena letra y pocas tachaduras. Me resulta fácil, porque escribo igual que hablo.

Admito que mi repertorio de vocabulario no es muy amplio, ni refinado. Incluso reconozco que no puedo considerarme un escritor si me comparo con los magos de la literatura y el ensayo que a veces me acompañan en la firma de libros en el Retiro de Madrid o en Las Ramblas en Barcelona. Pero nunca he pretendido optar a premios literarios; mi objetivo es solo contar mis experiencias, opinar sobre lo que veo y me rodea y transmitirlo a los demás por si puede resultar de utilidad.

No podéis imaginaros la sensación que me embarga cuando alguien me dice que el primer libro que ha leído es uno de los míos. Hay quien ha leído *Ser feliz no es caro* y me ha llamado para decirme que ha sido la mejor terapia para su deteriorado estado de ánimo. Y es curioso que me lean igual jóvenes de 14 años que mayores de 90. ¡No puedo pedir más!

También me comenta mucho la gente que digo cosas que otros no se atreven a decir. Hombre, tengo varias ventajas. A los 80 años ya solo aspiro a estar contento conmigo mismo. Mi libertad de opinión es absoluta, no hay nadie que me dicte lo que tengo que decir. Doy mi opinión y punto. Y si coincido con lo que piensan muchos otros es gracias a mi independencia y a que hablo con corazón y sentido común.

En resumen, que me seguiréis viendo en televisión mientras tenga la cabeza como la tengo y me sigan invitando. Espero no defraudaros.

Y a los muchos que me pedís que no cambie, podéis estar tranquilos. Lejos de cambiar, creo que voy a ser cada vez más duro y contundente con aquellos que se apropian de lo ajeno e intentan hacernos comulgar con ruedas de molino.

COMBATIENDO LA CORRUPCIÓN

Queda claro que he encontrado en la televisión un arma relativamente eficaz para luchar contra las injusticias. Un arma con la que también he tratado de hacer frente a la corrupción que en los últimos años ha ensombrecido a los partidos políticos, las instituciones y, en general, la vida pública española.

Tristemente, la corrupción ocupa de forma permanente los titulares de los medios de comunicación. Los espectadores hemos asistido, muchas veces atónitos, a las tropelías cometidas por todo tipo de personalidades, desde presidentes de comunidades autónomas y alcaldes, pasando por máximos responsables empresariales, hasta la mismísima máxima autoridad del Estado.

19. El caso del Rey Emérito

De los todos los escándalos de corrupción que hemos sufrido en España creo sinceramente que el que salpica al Rey Emérito es el que más daño ha causado a la reputación de las instituciones públicas. Para mí, como he dicho ya tantas veces, ha sido la mayor decepción de mi vida.

Sin ser especialmente monárquico, creí durante años que Juan Carlos I era un buen Rey. Se ganó el reconocimiento y el respeto general de los españoles aquella aciaga noche del 23 de febrero de 1981, cuando compareció ante el país como jefe del Estado y mando supremo de las fuerzas armadas, vestido de capitán general, como correspondía al momento, para detener el golpe militar que mantenía a toda la clase política secuestrada en el Congreso de los Diputados. Su comportamiento aquella noche le granjeó una aureola heroica entre todos los demócratas de nuestro país.

Personalmente, pienso que es difícil ser demócrata y defender instituciones tan poco democráticas como la monarquía. Pero durante muchos años sentí admiración por el rey Juan Carlos. Recordaréis que le dediqué la portada de mi primer libro y un amplio capítulo en el que relaté cantidad de anécdotas que viví junto a él durante nuestros muchos años de convivencia política. Por eso mi decepción fue tan grande.

No comprendo cómo los peces más gordos de la política de este país, desde Felipe González hasta Alberto Núñez Feijóo, pasando por Aznar y un largo etcétera, se empeñan en justificarle. Me pregunto si tal vez disculpan su comportamiento porque ellos serían capaces de hacer lo mismo en circunstancias parecidas.

Nunca me cansaré de decir que la primera exigencia que debemos hacer a un cargo público es la honradez absoluta. Naturalmente, son necesarias otras virtudes, pero la falta de honradez inhabilita a cualquiera para ejercer responsabilidades públicas.

Obviamente, el fugado Rey Emérito ha realizado grandes aportaciones a la transición y democratización de España. Así lo he reconocido en múltiples ocasiones. Pero todo ello ha quedado empañado con lo que hemos descubierto sobre sus comportamientos privados en los últimos años. Hay pruebas irrefutables que demuestran que es un evasor fiscal y que tiene una inmensa fortuna fuera de España. Todo un «español ejemplar» con domicilio fiscal en Abu Dabi.

Aquel jefe de Estado que Navidad tras Navidad nos hablaba de la necesidad de ser ejemplares era en realidad un patriota de pacotilla. Un patriota con al menos 100 millones de euros en paraísos fiscales, como descubrimos por el desliz que cometió al reclamar 66 de esos millones, después de habérselos «regalado» a su amante; 100 millones que al parecer eran un donativo procedente de Arabia Saudí.

Pero esa cantidad no es más que la punta del iceberg de una gran fortuna. Así lo constata el sentido común si pensamos en la generosidad que supone regalar 66 millones de euros a alguien que no forma parte de tu familia más próxima. Tenemos que suponer que un gesto de tamaña dadivosidad no pone en riesgo ni desequilibra el patrimonio de quien lo realiza.

Una persona ya fallecida y que tuvo altas responsabilidades de Gobierno en la época de la Transición, monárquico para más señas, me comentó antes de morir que Juan Carlos acumulaba una fortuna superior a los 1.000 millones de euros. Me explicó incluso el *modus operandi* que hizo posible esa acumulación de riqueza. Nada de comisiones por el AVE a La Meca. Ese enriquecimiento procedería del petróleo de los países del Golfo. Una pequeña comisión en función de las compras de crudo españolas. Parece bastante creíble la explicación, sobre todo si tenemos en cuenta varios hechos probados.

Durante su mandato, el hoy Emérito realizaba cada año una peregrinación por los países árabes para abrazar y besar a millonarios dictadores. Las donaciones que recibió y que se han acreditado procedían de esos países. Y por si todos los indicios no fueran suficientes, ahí está el lugar elegido para su retiro: Abu Dabi.

Los padres de la Constitución cometieron una auténtica atrocidad al redactar el artículo 56.3: «La persona del Rey es inviolable y no está sujeta a responsabilidad». Tremendo. Hay quien opina que el Tribunal Constitucional debería haber dictaminado, por puro sentido común, que la inviolabilidad se refiere a los actos cometidos en el ejercicio de sus competencias. Pero no. Nuestros jueces le habilitan para todo tipo de tropelías. ¡Viva el vino!

Personalmente creo que semejante artículo es toda una invitación al delito. Sin él y sin la bondadosa interpretación de nuestros supremos jueces, Juan Carlos I no estaría hoy en Abu Dabi. Estaría probablemente en Soto del Real.

Sé que hay mucha gente a la que no le gustan mis críticas al anterior Rey. He recibido llamadas para pedirme que no siga metiéndome con él. Lo siento, pero no puedo. Algún cortesano ha llegado a proponerme una reunión con él, supongo que para ablandarme. Mi respuesta fue tajante: no quiero volver a verle jamás.

También hay personas que me preguntan si su hijo no me ha insinuado alguna vez que deje de meterme con su padre. Jamás. Y he de decir que tengo la mejor de las impresiones del actual Rey.

Creo que Felipe VI comprende que los ataques a Juan Carlos I no son a un padre, sino a quien fue nada menos que nuestro jefe de Estado. A ese que decía que todos somos iguales ante la ley y tenemos que ser ejemplares en nuestros actos. Pues claro, pero mucho más tiene que serlo aquel al que se ha otorgado el privilegio de representarnos a todos.

20. Todo queda en familia: Iñaki Urdangarin

Sabiendo lo que hemos sabido en los últimos años sobre el comportamiento del Rey Emérito, existen más que indicios para pensar que no fue ajeno a los negocios sucios que llevaron a su yerno Iñaki Urdangarin a la cárcel y sentaron a su hija Cristina en el banquillo de los acusados.

Resulta revelador escuchar la opinión del juez instructor del caso Nóos, que se saldó con la condena a prisión del hoy denostado exjugador de balonmano, exconvicto, exmarido y exyerno. El juez José Castro, hoy retirado, me parece un hombre íntegro y con las ideas muy claras. Se enfrentó a numerosas presiones durante la instrucción de la causa que llevó al banquillo ni más ni menos que a una infanta de España, hija y hermana de reyes. Esas presiones salpicaron incluso a su hijo, abogado en ejercicio, a quien llegaron a ofrecer un cheque en blanco por asumir la defensa de una de las personas investigadas en el caso Palma Arena. Lo rechazó, pero de haber aceptado, su padre habría tenido que abandonar la causa. Seguramente era lo que pretendían quienes le hicieron tal oferta.

Con la firmeza, la honestidad y el rigor que debieran distinguir siempre a un miembro del poder judicial, el juez Castro llevó adelante la instrucción sin dejarse intimidar por el poder que amparaba a los entonces duques de Palma. Probó delitos que sancionó con la cárcel. Y además, en un alarde de sensatez y valentía, ha puesto voz a lo que muchos pensamos: «Urdangarin no pudo bajo ningún concepto defraudar dinero público sin la colaboración indispensable de su suegro y de su esposa».

En una reveladora entrevista emitida por *La Sexta Noche* el 11 de junio de 2022, el juez explicó a todos los espectadores las razones por las que, a pesar de su convencimiento, la Justicia no ha podido actuar contra Juan Carlos I: «Investigar a quien por ley está por encima de la ley, aparte de ridículo, no sirve de nada».

Y es que el artículo 56.3 de la Constitución, al que ya me he referido, y la interpretación que de él han hecho tanto el Tribunal Constitucional como el Tribunal Supremo otorgan al Rey de España una impunidad absoluta ante la ley no solo en el ejercicio de sus responsabilidades institucionales, como sería lógico, sino también en sus comportamientos privados. «Si el rey Juan Carlos roba un anillo de diamantes en una joyería de Londres, quedaría impune», llegó a decir el juez británico Matthew Nicklin, instructor en la causa abierta en el Reino Unido por el enfrentamiento entre el Emérito y su examante Corinna, aludiendo a esa impunidad regia que se mantiene en España y que esgrime la defensa de nuestro anterior monarca.

Estamos, pues, ante una interpretación retorcida y kafkiana de la Constitución, pero nadie en España parece tener interés en cambiarla. Paradójicamente, en nuestro país se administra la justicia en nombre de alguien, el Rey, que no puede ser enjuiciado. Basta aplicar el sentido común para comprobar que algo falla. Sobre todo porque al abrigo de esa impunidad se han cometido delitos y se han *recaudado* ingentes cantidades de dinero, público y privado, para usos y beneficios particulares.

El juez Castro considera probado que los cobros por servicios de consultoría que la trama de la que formaron parte Urdangarin y Cristina realizó fue posible por ser quien era el que pedía a políticos y empresarios, y porque, probablemente, la petición llegaba precedida de una recomendación de las más altas instancias de la Jefatura del Estado.

Es difícil argumentar que el Rey estaba al margen de todo cuando se conoce que algunos encuentros con políticos salpicados en la trama, por ejemplo, el que Urdangarin mantuvo con el expresidente de Baleares, Jaume Matas, se celebraron en el Palacio de Marivent, tal como el propio Matas llegó a admitir después de haberlo negado. A nadie le entra en la cabeza que Urdangarin citara a Matas en palacio a escondidas de su suegro. El juez Castro cree que encuentros similares tuvieron lugar en la Zarzuela, aunque en este caso no tiene una certeza probatoria absoluta, porque no han sido admitidos por quienes participaron en ellos y porque en los registros de entrada al palacio no todo el mundo se inscribe. En cualquier caso, sí existen correos que acreditan que el Rey intercedía por su yerno.

Tan claras han llegado a estar las cosas que a partir de un momento dado Juan Carlos I se convirtió en un estorbo para su propia familia, que hasta entonces le había consentido todo. También la clase política había reído sus gracias y los medios de comunicación habían hecho oídos sordos al clamor sobre sus negocios turbios. Ni siquiera la Agencia Tributaria, como bien apunta el juez Castro, sabía qué hacer con él. Mucho menos la Fiscalía y los tribunales de justicia.

La solución, quitarle de en medio. Y así fue como acabó en un avión con destino a Abu Dabi, acompañado por un nutrido grupo de escoltas, que cobran suculentas dietas por trabajar en el extranjero y que están pagados con el dinero de todos los españoles.

A día de hoy nadie ha dado explicaciones del motivo de su marcha. Vuelvo a la reflexión del juez Castro: no es ni un desterrado ni un exiliado ni un fugado. Jurídicamente no hay nada en su contra que le impida residir en España, por lo que es evidente que la razón es la necesidad de quitarle de en medio para prevenir más daños a la institución monárquica.

Claro que, seguramente, cuando se decidió su marcha del país nadie pensó en que volvería como lo hizo, en aquella escapada de cinco días a Sanxenxo en mayo de 2022, con todo alarde publicitario. Lejos de mostrar arrepentimiento y discreción, Juan Carlos I se dejó llevar por la soberbia cuando un periodista le preguntó si tenía previsto pedir perdón. «¿Perdón por qué?», respondió. Y con toda la desfachatez soltó una carcajada a continuación. No solo demostró escasa educación, sino también su falta de respeto al país que tanto le apoyó y admiró durante tantos años y que tiene todo el derecho a una explicación seria del porqué de sus actos.

Sin embargo, la clase política permanece cruzada de brazos. Y nadie parece querer ponerle el cascabel al gato y acabar con la absoluta impunidad que le ampara.

No es de extrañar que los Urdangarin proclamen que Iñaki no fue el corrupto, sino el corrompido y, en última instancia, el chivo expiatorio que acabó en la cárcel por haber montado junto a su socio y exprofesor Diego Torres el Instituto Nóos, una organización supuestamente sin ánimo de lucro, desde la que sablearon a gobiernos autonómicos, ayuntamientos, empresas y hasta equipos de fútbol, de los que recibieron pagos millonarios a cambio de estudios ridículos y sin ningún contenido.

Según cálculos de la Fiscalía Anticorrupción, las parejas Urdangarin-infanta y Torres-señora facturaron más de 20 millones de euros, mientras que los costes no llegaron a los cinco millones. Es decir, se embolsaron 15 millones de euros, lo cual no está nada mal para tratarse de una institución sin ánimo de lucro.

Conservo en la memoria un documento televisivo inolvidable, en una entrevista del gran Jordi Évole al expresidente de Baleares Jaume Matas. Le pregunta Évole: «¿Pero usted pagó por un trabajo millones de euros sin comprobar si los valía y sin licitación pública?». Le responde Matas: «Pues claro, era el duque de Palma».

Así, supongo que actuaron todos. Casi nadie dijo no, por si acaso.

Y fueron muy llamativos los intentos por exculpar a la infanta, incluso a costa de una imagen machista que llegó a presentarla como una mujer que no se enteraba de nada y se limitaba a disfrutar de un aumento desmesurado de su patrimonio. Hasta 579 veces repitió a lo largo del juicio las palabras «no lo sé» y «no me acuerdo».

Aquel caso sacudió la conciencia de los españoles y despertó la exigencia casi unánime de un castigo ejemplar. La condena a Urdangarin fue establecida por el Tribunal Supremo en cinco años y diez meses de prisión por los delitos de prevaricación continuada y malversación, tráfico de influencias, fraude a la Administración y dos delitos fiscales. Fueron cinco meses menos que los establecidos por la Audiencia de

Mallorca al resultar absuelto del delito continuado de falsedad en documento público cometido por un funcionario.

El entonces esposo de Cristina de Borbón ingresó en la prisión abulense de Brieva el 18 de junio de 2018. Permaneció 15 meses recluido antes de comenzar a disfrutar de beneficios penitenciarios, que le permitían salir de la cárcel dos días a la semana durante ocho horas para colaborar con una ONG en la atención a personas con discapacidad. A principios de 2021 ya estaba disfrutando de un régimen de semilibertad y en junio de ese año dejó de ir a dormir a la cárcel. En marzo de 2022 se le concedió la libertad condicional. Cumplió dos tercios de la condena.

Los escándalos de corrupción protagonizados por el Rey Emérito y su yerno Urdangarin han hecho tambalear los cimientos de la institución monárquica española, que hoy trata de controlar los daños a base de comportamiento ejemplar, transparencia y seriedad.

21. El caso Bárcenas

Otro personaje de similar calaña a la del Emérito y su antiguo yerno es Luis Bárcenas, aquel tesorero que resultó una bomba de relojería para el Partido Popular.

La televisión me brindó la oportunidad de condenar hasta la saciedad la red corrupta construida por este personaje, quien, para más inri, llegó a ser senador por Cantabria, sin ser cántabro ni haber pisado nunca mi tierra, ni abrir jamás la boca en su defensa. Bastante debía de tener con construir lo que después se conoció como la trama Gürtel, desde la que llegó a recaudar ingentes cantidades de dinero para su lucro personal y financiar al PP, a cambio de facilitar adjudicaciones de obras y servicios públicos.

Seguro que muchos recordáis la grabación realizada a otro de los actores estelares de este montaje, Francisco Correa, por un concejal madrileño, en la que se describen con detalle las actividades mafiosas.

Desde que estalló la trama, en febrero de 2009, no hubo programa de televisión que no pidiera mi opinión. Fui muy claro desde el principio, porque los indicios apuntaban a un corrupto de libro. Pero aquello me valió terribles enfrentamientos con el PP de Cantabria, que llegó a organizar una gran campaña en mi contra por desprestigiar a «un hombre honorable», y a punto estuvo de llevarme a los tribunales. El anterior presidente de Cantabria llegó a decir que Bárcenas había hecho más por mi tierra en sus seis años de senador que yo en toda mi vida. ¡Manda huevos!, que diría Trillo.

No solo eso. Después de que el juez Garzón fuera apartado del caso y su sucesor, el juez Pereira, lo declarara sobreseído, las gaviotas se crecieron. Llegaron a pedirme una comparecencia pública para pedir perdón por haber difamado a una persona «honrada y honorable». Todos cantaban victoria, incluido el mismísimo Mariano Rajoy, y se paseaban por radios y televisiones para denunciar la cacería sufrida por aquel «hombre ejemplar». Creían haber dejado atrás el escándalo, pero no lo tenían todo tan bien atado como creían.

Los fiscales del caso apelaron a la Audiencia Provincial de Madrid, y un suplicatorio del juez Garzón a la banca suiza trajo la gran sorpresa: el «hombre ejemplar» tenía una fortuna superior a los 40 millones de euros en el país helvético. La bola empezó a rodar y ya fue imposible pararla. El terremoto político estaba servido.

Por el camino se llevó a Mariano Rajoy, que perdió la presidencia de España en una moción de censura apoyada por la mayoría del Congreso. Por una vez, la clase política estuvo a la altura. Habría sido vergonzoso consentir la permanencia en el Gobierno de un partido político, el PP, condenado por corrupción con sentencia firme del Tribunal Supremo por beneficiarse de los negocios mafiosos de la trama Gürtel.

22. El caso Kitchen

Son tantos los casos de corrupción que han proliferado en España que los investigadores han tenido que recurrir a palabras extranjeras para denominarlos. Al parecer, *kitchen* significa cocina en inglés.

Entre toda la corrupción que ha salido a la palestra, este me ha parecido siempre uno de los casos más graves, porque todos suponemos que en un Estado de derecho la misión de la Policía es perseguir a los delincuentes. Pero aquí no fue así, aquí la Policía fue utilizada para protegerlos.

Me he referido ya al famoso Bárcenas, hoy en la cárcel, y a su fortuna de 40 millones de euros en Suiza. Supuestamente, el extesorero se quedaba con un porcentaje de las mordidas que los empresarios pagaban al Partido Popular a cambio de adjudicaciones de obras y servicios.

Sabiendo que Bárcenas anotaba cuidadosamente la entrega de los «donativos» y su destino, el PP entró en pánico y orquestó una operación desde las más altas esferas del Ministerio del Interior y de la cúpula policial para hacerse con todos los documentos comprometedores.

El dispositivo policial clandestino se fraguó en el año 2013, cuando Jorge Fernández Díaz era ministro del Interior, con Francisco Martínez como secretario de Estado de Seguridad. También intervino supuestamente en el operativo Eugenio Pino, alto mando del Cuerpo Nacional de Policía.

No se les ocurrió nada mejor que «comprar» al chófer de Bárcenas, al que pasaron de conductor del presidiario a policía.

Tras una compleja instrucción judicial, en la que fue imputada y desimputada la otrora poderosa secretaria general del PP, María Dolores de Cospedal, la Audiencia Nacional aprobó el procesamiento de la antigua cúpula del Ministerio del Interior por la operación de espionaje al extesorero Bárcenas, con el presunto objetivo de arrebatarle documentos comprometedores para altos cargos del partido.

23. Miguel Blesa, el banquero sin escrúpulos

Otro tema recurrente en mis intervenciones televisivas ha sido la denuncia de la estrecha relación entre las altas instancias de los poderes político y económico. Miguel Blesa es un buen exponente de lo nocivos que pueden llegar a ser los intercambios de favores y del daño que han ocasionado a nuestro país.

Os refresco la memoria. Inspector de Hacienda, unido por el azar en oficio y destino (Logroño) al poderoso José María Aznar, Blesa acabó siendo su íntimo amigo. Y Aznar no le olvidó cuando alcanzó el Gobierno de España.

Sin tener en cuenta su absoluto desconocimiento sobre el sistema financiero, puso en sus manos la que entonces era la tercera entidad financiera de España, Caja Madrid. Al frente de Bankia, fue el colocador de ese producto tóxico al que ya me he referido, las preferentes, con el que «cazó» a casi 200.000 clientes y acumuló 6.000 millones de euros, a base de ofrecer a ahorradores modestos y poco preparados un producto que prometía alta rentabilidad y disponibilidad automática, ocultando que en realidad era una inversión muy peligrosa, ligada a la cotización de las empresas en bolsa y casi sin liquidez. Aun tras su muerte, nunca pagará todo el daño que causó a tantos pobres ahorradores, en su mayoría personas mayores, que sufrieron la desesperación de ver esquilmados sus ahorros.

Llegó a probarse que Bankia camelaba a los clientes con datos falsos. Cuando la entidad fue intervenida, se detectó un agujero de 31.000 millones de euros. Ese dinero lo hemos pagado todos los españoles.

Ese agujero de 31.000 millones, la estafa a 200.000 preferentistas y la compra caprichosa, y ruinosa, de un banco en Estados Unidos fueron el legado de este turbio personaje, al que tuve la oportunidad de conocer en el verano de 2009, cuando el rey Juan Carlos me invitó a un piscolabis en los jardines de la Zarzuela. Éramos alrededor de una decena de personas, entre banqueros, escritores y algún político, y todos le rendían pleitesía, hasta tal punto que parecía que el Rey era él.

Creo que llegó a sentirse el amo del mundo. Y no es para menos. En los ocho años que presidió Caja Madrid se embolsó solo en salarios 20 millones de euros. Llegó a subirse el sueldo de 1,7 a 3,6 millones, justo cuando estalló la anterior crisis económica. Pero debía de parecerle poco, porque también puso en marcha las famosas «tarjetas *black*», que compartió con sus amigos, para gastar sin límites y de forma totalmente opaca para el fisco. Más de 15 millones de euros pagamos los españoles por aquello.

24. El comisario Villarejo

El comisario Villarejo es otro de los protagonistas habituales de la crónica corrupta de los últimos años en España, y sobre él me han preguntado en innumerables ocasiones en mis apariciones televisivas. Siempre digo que solo en un país de pillos y de gente con pocos escrúpulos puede prosperar un policía como José Manuel Villarejo, que ha llegado a millonario a base de trabajos sucios para políticos y empresarios. Aún hoy me llaman la atención esas pruebas grabadas que han sido de dominio público y que nos han permitido conocer a todos las prácticas mafiosas de tan singular personaje. Un corrupto sin escrúpulos, por su aspecto, su voz y lo dicho en cientos de grabaciones. Pero consiguió engatusar a lo más granado de nuestra clase política y empresarial.

Villarejo estuvo presente en las luchas políticas y empresariales para encumbrar a unos y hundir a otros, siempre al lado del que más pagaba, claro. Su hábitat ha sido ese mundo tenebroso del trabajo sucio y las cloacas del Estado.

El excomisario tuvo una estrecha relación con María Dolores de Cospedal y su marido, el empresario Ignacio López del Hierro. Existen grabaciones que constatan cómo la política y su consorte recurrían a los servicios de Villarejo en un intento de frenar que trascendiera a la opinión pública la sangría de corrupción con la que su partido asoló media España.

También supimos gracias a él de los intríngulis del desamor entre el Emérito y Corinna Sayn-Wittgenstein (conocida en España como Corinna), una vez liquidada la relación a raíz del accidente durante la impresentable cacería de elefantes en Botsuana. Era junio de 2015 cuando la «princesa» se reunió en su lujoso apartamento de Londres con Juan Villalonga, el que fuese presidente de Telefónica colocado por su íntimo amigo José María Aznar, y el omnipresente comisario Villarejo. Corinna se despachó con saña, tildando a Juan Carlos I de corrupto comisionista.

¿Y qué me decís de la colaboración del comisario con el BBVA en tiempos de Francisco González, más propia del Chicago de los años 20 que de un país democrático? El banco contrató sus servicios para espiar y desprestigiar a la empresa Sacyr y a sus dirigentes cuando tenían la intención de hacerse con el control de la entidad.

Aún está sin aclarar aquel suceso que nos mantuvo en vela a todos los españoles en la noche del 12 de febrero de 2005. Todas las televisiones retransmitieron en directo cómo ardía por los cuatro costados uno de los edificios más emblemáticos de Madrid, el Windsor. Hay quienes apuntan que en la quema se volatilizaron 400 millones de euros y la relacionan con documentos guardados en las oficinas de la auditora Deloitte, supuestamente comprometedores para el presidente del Bilbao, Francisco González.

Lo que está claro, porque él lo ha reconocido, es que el excomisario llegó a cobrar grandes sumas de los fondos reservados del Estado a cambio de información «sensible» sobre líderes independentistas, dentro de la llamada «operación Catalunya», iniciada en la época de Mariano Rajoy, siendo Jorge Fernández Díaz ministro del Interior.

Tampoco faltó en esta guerra sucia el gigante de la electricidad Iberdrola, presidido por el incombustible Ignacio Sánchez Galán, uno de los ejecutivos mejor pagados del IBEX 35. Varios medios de comunicación revelaron que Iberdrola contrató al comisario para buscar información comprometida sobre el presidente de la constructora ACS y del Real Madrid, Florentino Pérez, ante su pretensión de controlar accionarialmente la eléctrica, lo que suponía descabalgar de la misma a Sánchez Galán.

Hasta el Gobierno de Guinea Ecuatorial recurrió a sus servicios para limpiar la imagen de Teodoro Obiang Nguema, hijo del presidente del país africano y al que se conoció como «el saqueador».

La nómina de clientes de este oscuro personaje es larga, como lo son las grabaciones con las que la opinión pública española ha conocido sus prácticas mafiosas y el grado de corrupción que salpica a las altas esferas empresariales y políticas.

25. La operación Lezo

No menos suculentas que las grabaciones de Villarejo han sido las realizadas por la Guardia Civil en su investigación de la llamada «operación Lezo», gracias a las cuales conocimos reprobables conversaciones entre políticos del Partido Popular.

Las grabaciones entre el que fuera sucesor de Esperanza Aguirre al frente del Gobierno de Madrid, Ignacio González, y el exministro pepero Eduardo Zaplana son toda una revelación del grado de degradación alcanzado en ciertos círculos políticos. Después de ser su mentora durante años, me imagino el disgusto de doña Esperanza al saber que «hija de puta» era el calificativo que más usaba su ahijado político para dirigirse a ella. También lo empleaba (como «hijo...») para hablar de su jefe de filas, Mariano Rajoy.

Tales conversaciones revelaron cómo intentaban, a veces con éxito, colocar a jueces y fiscales afines para parar las investigaciones en su contra. Incluso escuchamos a Ignacio González hablar de su intención de colocar a Moix al frente de la Fiscalía Anticorrupción. «Si sale, es cojonudo», decía. Y salió.

En las grabaciones aparece también su dimensión de conseguidor, con Luis Vicente Moro, exdelegado del Gobierno en Ceuta y exalcalde de Palencia, apelando a favor de un empresario amigo que quería abrir un puticlub de lujo en Palencia.

Ya lo escribió Esopo hace 2.700 años: «Colgamos a los ladrones de poca monta, pero a los grandes ladrones los elegimos para los cargos públicos».

26. Fèlix Millet

No puedo olvidar en este repaso de la lista de los mayores corruptos que nos han sobresaltado y llenado páginas de periódicos y minutos de televisión en los últimos años al gran depredador Fèlix Millet, uno de los saqueadores de lo público en la época en que Jordi Pujol presidía la Generalitat de Cataluña.

Millet era un personaje con pedigrí. Su tío abuelo, Lluís Millet i Pagès, fue el autor de *El cant de la Senyera,* el himno prohibido durante la dictadura de Franco, y el creador del Orfeó Català. Su sobrino nieto llegó a presidir la Fundació Orfeó Català, Palau de la Música Catalana, todo un emblema cultural y arquitectónico de Barcelona, obra del gran modernista Lluís Domènech i Montaner, que también dejó en Cantabria una espléndida muestra de su genio con el Seminario de Comillas.

En lucrativa sociedad con Jordi Montull, entonces director del Palau, Fèlix Millet llegó a hacer de esta institución una auténtica oficina de favores y recaudación, a costa de las adjudicaciones y subvenciones de la Generalitat.

Ya en 2002 era de dominio público que la pareja trincaba a manos llenas, por lo que la Fiscalía de Cataluña presentó una querella en su contra por desvío de fondos del Palau.

La Agencia Tributaria desarrolló una exhaustiva investigación con la que probó que una parte de las mordidas que obtenían acababa en poder de Convergència Democrática de Catalunya. Quedó así clara la connivencia política de Millet con la clase gobernante y se llegó a cifrar en 35 millones de euros los fondos desviados del Palau, de los que 27 millones fueron a las cuentas particulares de Millet y Montull, y el resto, a manos de políticos.

Pero la cosa no quedó ahí. Además de trincar a manos llenas desde su posición en la venerable institución catalana, el bueno de Millet no tuvo reparo en cargar a sus cuentas la renovación de su piso, por importe de 3.145.175,45 euros. También costeó el Palau viajes a la Polinesia, Kenia y las islas Maldivas, valorados en 651.456 euros, e incluso la boda de una de sus hijas.

En *¿Por qué no nos queremos?* conté en detalle esta historia. Clara Millet se casó en junio de 2002 con el hijo de otra ilustre familia de la burguesía de Cataluña, Xavi Rafart. Eligieron, claro está, el Palau de la Música para acoger a sus 500 selectos invitados.

Además de engalanar el edificio para la ocasión, contrataron a uno de los restaurantes más prestigiosos de Barcelona para servir el banquete, con un presupuesto ligeramente superior a los 81.000 euros, que iban a costear a medias las familias Millet y Rafart.

En el juicio quedó probado que Millet había cargado al Palau el total del coste, pese a que también había cobrado a su consuegro la mitad que le correspondía abonar. Ni la familia está a salvo de corruptos de esta calaña.

Y no fue solo el convite: el Palau también corrió con el coste de las flores (11.160 euros), las reformas de acondicionamiento (33.415 euros), los emolumentos para coros del orfeón y gastos religiosos (5.500 euros) y hasta las azafatas (258 euros).

El caso Palau siempre me ha parecido un exponente del grado de degradación que llegó a alcanzar la relación entre empresarios y políticos en Cataluña.

27. El PSOE y los ERE

Aunque haya protagonizado los casos más sonados y debatidos de los últimos años, la corrupción no ha sido ni mucho menos patrimonio exclusivo del Partido Popular. También ha habido sangrantes ejemplos en el PSOE, a cuya denuncia me he empleado con la misma convicción y energía, por más que sean mis socios en el Gobierno de Cantabria. Lo he dicho muchas veces: mi compromiso de gobierno está recogido en un pacto firmado que respeto y cumplo a rajatabla, pero ese acuerdo no implica ni sumisión ni complacencia, mucho menos cuando de lo que hablamos es de corrupción.

A lo largo de cuatro décadas de dedicación a responsabilidades públicas, si algo hemos dejado claro el PRC y yo mismo es nuestro compromiso a ultranza con la honradez. No toleramos la corrupción, ni a los corruptos. Y nunca nos cansaremos de denunciar a aquellos que no tienen escrúpulos y no dudan en aprovecharse de sus cargos en su propio beneficio.

Y así lo hice cuando estalló el llamado «caso ERE», o lo que es lo mismo, la trama corrupta que durante casi una década distribuyó a su antojo y sin ningún control casi 680 millones de dinero público, dinero que estaba destinado ni más ni menos que a ayudar a las más de 120.000 personas que perdieron su empleo durante la crisis industrial que lastró a Andalucía desde finales de los años 90 y que se repartieron entre apenas 6.000, algunas de ellas sin siquiera vinculación con las empresas en crisis.

El PSOE ha pagado muy caras las consecuencias de este escándalo, que sentó en el banquillo de los acusados a dos expresidentes de la Junta de Andalucía, Manuel Chaves y su sucesor, José Antonio Griñán; a cinco exconsejeros, entre ellos la también exministra Magdalena Álvarez, y otros 14 ex altos cargos. Solo dos de los 21 imputados resultaron absueltos en la sentencia de la Audiencia de Sevilla publicada en 2019.

En 2022 hemos asistido a la confirmación del fallo por el Tribunal Supremo, lo que implica la condena a seis años de prisión para el expresidente Griñán, por prevaricación y malversación, y nueve de inhabilitación para su antecesor, Manuel Chaves, también por prevaricación.

Cuando me han preguntado, he recordado que la sentencia no constata que los expresidentes andaluces se beneficiaran del dinero público malversado, lo cual marca una diferencia ostensible con otros políticos que sí se lo llevaron a manos llenas. Hay mucha gente que los conoce que me ha asegurado que son gente honrada y con una vida austera.

Pero el matiz de no haberse beneficiado personalmente del dinero esquilmado no los exime de culpabilidad, cuando ha quedado probado que permitieron que ese dinero público se repartiera sin rigor ni responsabilidad, contribuyendo a su vez a que el Partido Socialista andaluz tejiera una malla de clientelismo y adhesiones que contribuyó a prolongar su presencia en el Gobierno de esa comunidad autónoma, y que a la postre ha acabado con su trayectoria histórica al frente del Gobierno andaluz.

No solo los jueces, también la ciudadanía andaluza condenó la actuación de los dirigentes socialistas en las últimas elecciones autonómicas, celebradas el 19 de junio de 2022. El PSOE fue desbancado como primera fuerza política, tras perder ni más ni menos que un millón de votos. Los andaluces apostaron por conceder al PP una abrumadora mayoría absoluta.

EN POLÍTICA NO TODO VALE

28. La honradez hay que demostrarla

Me habréis escuchado en innumerables ocasiones defender en televisión que la honradez es la primera cualidad que debe distinguir a un político. No basta con ser honrado, por supuesto, hay que tener muchas otras capacidades, pero lo que está claro es que sin serlo no se puede ejercer esta actividad.

Aunque la proliferación de escándalos de corrupción que ha vivido España en tiempos recientes ha encendido todas las alarmas y sembrado el descrédito sobre toda la clase política, lo cierto es que la inmensa mayoría de los políticos somos gente honrada. Personas con vocación de servicio y que, teniendo lo fundamental para vivir, encontramos una enorme satisfacción en lo que hacemos, porque pocas cosas recompensan más que la posibilidad de resolver los problemas comunes.

Ese es el modo en el que yo he entendido y ejercido siempre la política. De no haber sido así, no habría abandonado una vida de privilegios para trabajar por mi tierra y hacerlo empezando desde abajo, como diputado de la oposición.

Precisamente en aquella época, cuando era portavoz del Grupo Parlamentario Regionalista en el Parlamento de Cantabria, mi honradez fue puesta a prueba. Era el año 1987 y yo estaba al frente de un grupo de cinco diputados. No había mayoría absoluta en la Cámara para apoyar al Gobierno.

Uno de mis mejores amigos, compañero de estudios de la época de los Salesianos, me llamó para proponerme una comida. Un empresario ya fallecido que se dedicaba a la obra pública había contactado con él para invitarnos. El plan era comer y jugar a los postres una partida de tute. Acepté de inmediato.

Mi amigo pasó a recogerme por el Parlamento y nos encaminamos en su coche al restaurante Rhin, sobre la Segunda Playa del Sardinero. En el camino me habló insistentemente de lo buena persona que era el empresario que nos invitaba y que ya estaba esperándonos cuando llegamos. Teníamos mesa en un reservado para los tres solos.

Nos obsequió con un delicioso menú y charlamos, sobre todo, de fútbol, y especialmente del Racing. Él no era muy hablador, por lo que al llegar a los postres fue mi amigo quien tomó la palabra. Yo esperaba expectante ese momento, porque estaba claro que aquellos dos tramaban algo y no acababan de soltarlo:

—Revilla, de la aprobación de los presupuestos depende que este amigo gane mucho dinero con un contrato de señalizaciones de obra que le tienen prometido —me dijo.

Abrí los ojos como platos, incapaz de creer lo que empecé a intuir que me querían proponer:

—Tú no tienes que hacer ningún pacto. Basta con que aprobéis los presupuestos y este hombre, que es muy generoso, pone cien millones de pesetas donde tú me digas. Yo me encargo de ello.

No acabé el café ni me tomé la copa que había pedido. Me levanté de la silla y, sin crispación, le pegué un cachete con la palma de la mano en su amplia calva.

—Jamás vuelvas a dirigirte a mí —le dije.

Abandoné la mesa y el restaurante pitando. Había avanzado pocos metros cuando mi supuesto amigo me alcanzó y me ofreció llevarme en su coche. Aunque estaba a punto de coger un taxi, me subí con él para saber qué tenía que decirme. Inició la marcha hacia el Parlamento, pero al poco de iniciar la marcha detuvo el coche para insultarme a gritos. Parece que él también se jugaba algo en aquella truculenta comida. No esperé a que se desahogara, me bajé del coche y me despedí con un portazo. Nunca he vuelto a saludarle. El resto del camino hasta el Parlamento lo hice andando.

Sin testigos que respaldaran mi versión de los hechos, enseguida comprendí que era inútil presentar una denuncia judicial. Habría sido mi palabra contra la suya. Pero decidí no quedarme callado.

Yo era entonces un perfecto desconocido, pero era amigo del gran periodista Miguel Ángel Aguilar, que en aquella época era director general de la agencia EFE. Él me ayudó a organizar una rueda de prensa y a contactar con periodistas de diversos medios nacionales. Incluso me reservó una sala en el hotel Convención. Recuerdo que pagué 25.000 pesetas por usarla.

Podía habérmelos ahorrado, porque a aquella convocatoria acudieron únicamente Miguel Ángel Aguilar con una periodista y un fotógrafo de la agencia. La convocatoria rezaba que iba a hablar sobre corrupción en Cantabria, pero a pesar de lo sugerente del título ningún otro informador lo creyó relevante. Me sentí muy decepcionado, pero no contaba con la capacidad de alcance y difusión de EFE. Mis declaraciones tuvieron resonancia en toda España.

Después de aquello, nadie ha vuelto a intentar tentarme. Me siento absolutamente feliz por haber superado aquella prueba. Es posible que, caso de haber aceptado, hoy podría ser millonario. Pero no estaría orgulloso de mí mismo, ni podría andar por la calle con la cabeza alta.

No obstante, reconozco que caer en la corrupción es sencillo. Por eso es necesario luchar contra ella con fórmulas disuasorias y castigos ejemplarizantes. Las leyes deberían ser especialmente estrictas contra corruptores y corruptos, para garantizar que el que la hace la pague.

29. La asignatura pendiente de la democracia española

Una democracia perfecta descansa en tres pilares: el poder legislativo, el poder ejecutivo y el poder judicial, con el pueblo como gran garante, a través de las elecciones en las que cada cuatro años decide la composición de ayuntamientos, gobiernos autonómicos y el Gobierno de España.

El sistema funciona en España con todas las garantías de legalidad y nadie pone en cuestión el resultado de las urnas, a través de las cuales los ciudadanos expresan su voluntad.

No obstante, el sistema parlamentario español tiene, a mi modo de ver, alguna imperfección. Por ejemplo, los españoles no podemos elegir directamente al presidente del Gobierno, ya que es a los diputados a los que votamos en las elecciones y, posteriormente, son ellos quienes eligen al máximo representante del Gobierno. El sistema es intachable desde el punto de vista legal, pero yo considero que sería más democrático poder elegir en votación directa al presidente.

Es un hecho que tanto el poder ejecutivo como el legislativo pueden cometer, y de hecho cometen, errores en el ejercicio de sus funciones, cuando no incurren abiertamente en corrupción. Es preciso, por lo tanto, un factor corrector, y en la democracia esa función corresponde al tercer poder, que es el judicial. Es decir, los jueces, a través de los diferentes estamentos en los que actúan, fundamentalmente las audiencias provinciales, los tribunales superiores de justicia de las comunidades autónomas, la Audiencia Nacional, el Tribunal Supremo y el Tribunal Constitucional.

La teoría dibuja un sistema perfecto, pero todos sabemos que en la práctica no lo es. Es más, resulta llamativo que en todas las encuestas que se realizan en España sea precisamente la Justicia la que, junto a la clase política, recibe la peor valoración de los ciudadanos. ¡Qué curioso! Dos estamentos perfectamente enlazados. Veamos por qué prolifera esa opinión.

A priori, todos los jueces son imparciales, del mismo modo que todos los políticos debemos actuar de buena fe, sin tener nunca en nuestro pensamiento la posibilidad de cometer ilegalidades y mucho menos de incurrir en corrupción. Lamentablemente, la realidad desmiente todos los días este postulado ideal.

En España hemos vivido infinidad de situaciones que nos llevan a cuestionar la imparcialidad del poder judicial. Y cuando hablo del poder no me refiero a personas individuales, sino al conjunto del estamento.

Ahora mismo, mientras escribo estas líneas en el otoño de 2022, estamos asistiendo a una guerra abierta entre los dos grandes partidos que detentan el poder en España, en la que el botín es el nombramiento de los miembros del Consejo General del Poder Judicial. Es decir, del órgano que nombra a los altos cargos de la carrera judicial en España con un procedimiento puramente discrecional, en un país donde todavía existe un número enorme de aforados, entre ellos la mayoría de los políticos, que tienen ante sí la posibilidad de influir en su futuro enjuiciamiento a través de los nombramientos de altos cargos judiciales encargados de esa tarea.

Vaya por delante que en Cantabria hemos acabado con los aforamientos entre la clase política. Yo personalmente no quiero ese privilegio, y creo que la clase política debería acabar con él de forma generalizada.

La guerra por el nombramiento de los miembros del Consejo General del Poder Judicial ha llegado a adquirir tal calibre que España se encuentra desde hace ya cuatro años en una situación absolutamente irregular, sin proceder a la renovación obligatoria de los cargos del Tribunal Constitucional y del Tribunal Supremo. Si trasladáramos esa situación a la política, supondría saltarnos a la torera la obligación legal de celebrar elecciones cada cuatro años. Si algún presidente cayera en esa tentación y decidiera mantenerse en el poder a costa de eludir las elecciones, no tardaría en ser sometido a juicio para acabar inhabilitado, si no entre rejas. Y, sin embargo, eso que en política nos parecería a todos una auténtica aberración está ocurriendo en el poder judicial. ¿A quién reclamamos contra esa situación de manifiesta ilegalidad?

Está claro que mantener nuestros máximos órganos judiciales sin renovar no solo resulta curioso y paradójico, sino verdaderamente increíble, tanto a ojos de la sociedad española como a los de Europa, que nos exige reiteradamente que cumplamos con la legalidad.

Y lo que subyace en el fondo de toda esta situación tan anómala e incomprensible es el papel que juegan los políticos en el nombramiento de los puestos clave del poder judicial y la importancia que para los grandes partidos tiene colocar a gente, a lo mejor no absolutamente afín, pero al menos sí proclive. De no ser así, no se entiende la guerra encarnizada que están librando.

La influencia absoluta del poder político sobre el judicial se pone de manifiesto cada vez que los medios de comunicación adelantan por dónde irán los tiros de una sentencia, en función de que el tribunal encargado de emitirla tenga mayoría progresista o conservadora. Cuando gobierna el PSOE y un tribunal es de mayoría progresista, se supone de antemano que obtendrá sentencias afines a sus leyes, al partido e incluso a posibles casos de corrupción en sus filas. Si la mayoría del tribunal es conservadora, ocurrirá lo contrario.

En estos días resuenan aún los ecos del gran escándalo de corrupción que fue el caso de los ERE en Andalucía, una trama fraudulenta que durante casi una década distribuyó a su antojo y sin ningún control cientos de millones de euros de dinero público, destinados en teoría a paliar los efectos laborales de la crisis industrial que asoló a la comunidad andaluza desde finales de los años 90. De los casi 121.000 trabajadores que sufrieron aquella crisis, apenas 6.000 percibieron las ayudas públicas. La mayor parte del dinero acabó en manos de gente que en muchos casos ni siquiera había tenido relación con las empresas en crisis.

Nunca he creído que los fondos públicos dilapidados fueran a los bolsillos de los políticos, pero parece claro que ese dinero fue utilizado como prebenda para practicar el clientelismo político.

Aquellos hechos llevaron al banquillo de los acusados de la Audiencia de Sevilla, como ya he contado, a dos expresidentes de la Junta, el histórico Manuel Chaves y su sucesor, José Antonio Griñán; a cinco exconsejeros, entre ellos la también exministra Magdalena Álvarez, y otros 14 ex altos cargos. Solo dos de los 21 imputados resultaron absueltos en la sentencia de la Audiencia Provincial emitida en noviembre de 2019.

El Tribunal Supremo ratificó en septiembre de 2022 las líneas generales de aquella sentencia y la condena a los dos expresidentes, imponiendo a Manuel Chaves nueve años de inhabilitación por un delito de prevaricación y a José Antonio Griñán seis años de cárcel por prevaricación y malversación.

La resolución del alto tribunal salió adelante por la mínima, con el apoyo de tres de los cinco jueces encargados del caso: Juan Ramón Berdugo, Eduardo de Porres y Carmen Lamela, considerados de tendencia conservadora. Los dos primeros son miembros de la Asociación Profesional de la Magistratura (APM). Las otras dos magistradas, Ana Ferrer y Susana Polo, enmarcadas en el sector progresista, dado que pertenecen a Juezas y Jueces para la Democracia, firmaron el voto particular.

Cuesta entender que ante hechos tan evidentes existan tantas discrepancias entre los jueces. El agua es agua y el vino, vino. Pero a la vista está que, a la hora de enjuiciar los delitos cometidos en Andalucía, no lo han visto igual los cinco magistrados encargados de este caso. Por cierto, un tribunal impar para evitar el empate.

Los medios nos han taladrado con todo tipo de interpretaciones sobre las tendencias ideológicas de los tres jueces que han condenado a Griñán a seis años de cárcel con la discrepancia de otros dos, que consideran que en este caso no procedía la prisión, porque el expresidente no sabía nada de la trama corrupta que funcionó durante su mandato.

¿Qué deduce la mayoría de la gente ante esta situación? Ni más ni menos que lo que da lugar al descrédito de la Justicia: si la correlación de fuerzas que existe en el Tribunal Supremo, en el Consejo General del Poder Judicial y en el Constitucional, todos ellos de mayoría conservadora, hubiera sido la contraria, es decir, de mayoría progresista, el resultado habría sido el contrario. Y eso es terrible. Es causa de alarma entre los ciudadanos y explica por qué más de un 70 % de la población española cree que la Justicia no es imparcial.

No dudo de que individualmente los jueces son muy dignos, como lo somos todos. La mayoría de la carrera judicial española goza de una independencia absoluta. Es más, la gran mayoría de los aproximadamente 5.500 jueces que ejercen en nuestro país son nombrados o ascienden a cada puesto con base en criterios puramente objetivos, como su antigüedad.

Pero los altos cargos judiciales los nombra el Consejo General del Poder Judicial: son los presidentes de Sala y todos los miembros del Tribunal Supremo; el presidente de la Audiencia Nacional y todos los presidentes de sus Salas; los presidentes de los Tribunales Superiores de Justicia de las comunidades autónomas y los presidentes de Sala y magistrados de la Sala Civil y Penal de los TSJ; y los presidentes de las Audiencias Provinciales. En total, unos 250 magistrados que detentan los puestos clave de la carrera judicial, especialmente porque algunos de ellos constituyen la última instancia para resolver casos de potencial trascendencia política.

Y es esta parte del sistema la que impacta en la percepción de los ciudadanos, que han situado a la Justicia y a la clase política como un problema, en lugar de la solución que debieran ser.

Sabéis que procuro mojarme siempre, así que voy a exponer la solución que a mi juicio podría acabar con este problema. No estoy a favor de las tesis que mantiene el Partido Socialista, ni tampoco de las del Partido Popular. Naturalmente, todas las decisiones que se tomen van a ser imperfectas, sobre todo cuando hablamos de nombrar a personas.

Pero nada desmoraliza más a los ciudadanos que saber que la Justicia no es imparcial, por lo que la clave está en combatir la parcialidad, y para ello es imprescindible que el Consejo General del Poder Judicial cumpla el papel que le asigna la Constitución en defensa de la independencia judicial y que no consiste en que sea el órgano de gobierno de los jueces, sino en que ocupe una posición autónoma y no subordinada a los demás poderes públicos.

Lo importante y trascendental es que los vocales del Consejo General del Poder Judicial ejerzan sus funciones con absoluta independencia y autonomía en relación a las asociaciones, órganos y grupos que avalaron su candidatura o los nombraron de modo definitivo. Esa es la clave, con independencia de que el sistema de elección y nombramiento diseñado sea el actual o cualquier otro que pueda tener cabida en el marco constitucional.

El Consejo General del Poder Judicial es un órgano colegiado de 20 miembros, los vocales, nombrados por el Rey y elegidos por las Cortes Generales (Congreso y Senado) entre jueces y juristas de reconocida competencia, y un presidente, que a su vez será presidente del Tribunal Supremo, designado por el Pleno del Consejo y elegido entre miembros de la carrera judicial o juristas de reconocida competencia.

Los vocales son nombrados por un periodo de cinco años y el Consejo debe renovarse en su totalidad una vez transcurrido ese tiempo, aunque continúa en funciones hasta la toma de posesión del nuevo. Los vocales no pueden ser reelegidos, a diferencia del presidente, que puede repetir una sola vez para un nuevo mandato.

Del total de los 20 vocales que integran el Consejo, 12 son propuestos por el Congreso y el Senado (seis cada uno) entre jueces y magistrados y ocho (cuatro cada uno) entre juristas de reconocida competencia. La elección requiere una mayoría cualificada de tres quintos de las cámaras.

Sería preferible una elección en la que los 12 vocales de procedencia judicial fueran designados entre los propios jueces y magistrados por el sistema de «un juez, un voto». Eso sí, con algún sistema de corrección para evitar que al final las asociaciones judiciales pudieran influir de modo decisivo en la elección, lo cual parece asegurado si tenemos en cuenta que aproximadamente la mitad de los 5.500 jueces que hay en España no pertenecen a ninguna asociación judicial.

Eso es precisamente lo que vienen reclamando a España desde hace años las instituciones europeas, como el Consejo de Europa, el Grupo de Estados contra la Corrupción, la Comisión de Venecia y el Consejo Consultivo de Jueces Europeos.

Este sistema dificultaría la capacidad de influir en los vocales, aunque soy consciente de que, en definitiva, todo dependerá de la honradez de cada uno de ellos en el desempeño de sus funciones.

Además, si eliminamos los aforamientos de los políticos, como hemos hecho en Cantabria, siguiendo el ejemplo de países como Alemania, Reino Unido o Estados Unidos, aumentarían las garantías en el proceso de selección de los altos cargos judiciales, con un sistema de valoración que en un alto porcentaje fuera vinculante a la hora de proceder al nombramiento. De este modo, el sistema de elección de los vocales pasaría a un segundo plano.

Tal vez así conseguiríamos acabar con esa sensación generalizada en nuestra sociedad de que la Justicia no es igual para todos, que se ve acrecentada cuando conocemos situaciones como, por ejemplo, el caso Urbanor.

Siempre que llego a Madrid en coche desde Cantabria y vislumbro en el horizonte esas cuatro grandes torres que conforman el *skyline* de nuestra capital me pregunto por el negocio realizado sobre unos terrenos que hace 100 años eran prácticamente un desierto y que acabaron convertidos en un suculento negocio y en un sonado escándalo.

Los protagonistas de esta historia fueron una famosa pareja conocida como «los Albertos»: Alberto Cortina y Alberto Alcocer. Según sentenció el Tribunal Supremo, engañaron a sus socios al negociar la venta del suelo que hoy alberga los rascacielos a la empresa Urbanor, a su vez propietaria de los terrenos donde hoy están las torres Kio.

Cortina y Alcocer pactaron con los compradores un precio de 231.000 pesetas por metro cuadrado, pero a los socios minoritarios los liquidaron con 150.000 pesetas el metro cuadrado, por lo que la venta les supuso una pérdida de 2.084 millones de pesetas (12 millones de euros).

Pasado un tiempo, los estafados presentaron una querella en la Audiencia Provincial de Madrid. Fue rechazada al considerar el tribunal que los hechos habían prescrito. Pero el Tribunal Supremo anuló esa resolución y acabó condenando a los Albertos a tres y cuatro meses de prisión cada uno, además de a pagar una cuantiosa indemnización a los estafados.

Sorprendentemente, no prevaleció la postura del Tribunal Supremo. El poderoso dúo empresarial recurrió al Tribunal Constitucional y consiguió la absolución con un argumento demasiado recurrente en la vida judicial española: el delito había prescrito. Me consta que hay muchos jueces que aún no dan crédito.

Ejemplos de falta de agilidad y de parcialidad de la Justicia española hay tantos que podría escribir un libro entero relatándolos. Pero lo peor es que no parece que esa situación vaya a cambiar, al menos no a corto y medio plazo.

Así lo evidencia la guerra abierta entre los dos grandes partidos, que, después de cuatro años enzarzados, continúan sin alcanzar un acuerdo para renovar el Consejo General del Poder Judicial. A estas alturas ya no sé si es por falta de capacidad o sencillamente porque no les interesa.

En octubre de 2022 el acuerdo llegó a darse por hecho. Fueron dos semanas de expectativas, en las que hubo incluso una escenificación en la que tomaron parte el presidente del Gobierno, Pedro Sánchez, y el líder la oposición, Alberto Núñez Feijóo. Pero cuando todo parecía atado y bien atado, el nudo se soltó.

Entre acusaciones mutuas de incumplimientos, la explicación que parece más factible es la que apunta a la falta de interés de un Partido Popular en auge y que, según todas las encuestas, tiene muchas posibilidades de ganar las próximas elecciones en 2023. Para alcanzar un acuerdo de esta naturaleza, parece que es mejor hacerlo desde el poder que desde la oposición.

30. El día que a Pedro Sánchez se le olvidó pagar

Para entender este capítulo tengo que reproducir un pasaje publicado en *Sin censura,* bajo el título «La resurrección de Pedro».

Hasta el 13 de julio de 2014, Pedro Sánchez no pasaba de ser ante el gran público un joven apuesto, doctor en Ciencias Económicas, que había sido diputado en la Asamblea de Madrid y, posteriormente, diputado nacional. Pero aquella noche se abrían las urnas de unas primarias a la Secretaría General del PSOE para el entonces novato frente a un experimentado Eduardo Madina y un miembro de la izquierda socialista, José Antonio Pérez Tapias.

Contra todo pronóstico, y con el apoyo de la poderosa agrupación socialista de Andalucía, Pedro acabó siendo elegido secretario general con el 49 % de los votos, frente al 35 % de Madina. Se dice que Susana Díaz consideraba entonces que no era momento aún para regir el PSOE a nivel nacional y optó por apoyar a una persona de transición hasta que llegara su día. Fue muy comentada su manera de describirlo: «No vale, pero nos vale».

Antes de recibir el apoyo andaluz, es probable que Pedro Sánchez se comprometiera a ser solo secretario general, no candidato a la presidencia del Gobierno de España. Pero tras aquella victoria en primarias se fue haciendo fuerte y decidió ir a por todas.

El 20 de diciembre de 2015 se celebraron elecciones generales y el PSOE quedó como segunda fuerza política, con 90 diputados. Lo que ocurrió en aquellos comicios lo había venido vaticinando yo en todas mis apariciones televisivas: la voladura del bipartidismo y la dificultad para establecer alianzas estables y configurar un Gobierno.

El Partido Popular sufrió un serio batacazo electoral, con los peores resultados de su historia. El Parlamento quedó configurado con 123 diputados del PP, 90 del PSOE, 61 de Podemos, 40 de Ciudadanos, 2 de Izquierda Unida, 9 de Ezquerra, 8 de Convergencia, 6 del PNV, 2 de Bildu y 1 de Coalición Canaria. Conseguir los 175 votos necesarios para alcanzar la mayoría absoluta que requiere la investidura de un presidente parecía tarea imposible, como así ocurrió.

El «zorro de Sanxenxo», Mariano Rajoy, tras varias visitas al Rey como correspondía al cabeza de la lista más votada, decidió no dar la cara y hacer mutis por el foro. Intentó un Gobierno de gran coalición para «salvar a España» con el PSOE y Ciudadanos, pero el líder socialista se mantuvo firme en lo que había repetido hasta la saciedad en su campaña electoral: «No es no». Ciudadanos mantenía por aquellos días una radical oposición a pactar con un partido corrupto.

Tras un mes de idas y venidas de los representantes de los partidos a la Zarzuela, el 22 de enero el Rey decidió proponer la investidura de Pedro Sánchez como presidente. Fue muy curioso y premonitorio que, antes de que el aspirante saliese de su entrevista con el monarca y se hiciera pública su proclamación como candidato, Pablo Iglesias ofreciera en rueda de prensa una coalición con el PSOE, permitiéndose incluso adelantar los ministros que Podemos aportaría al Gobierno. Si la candidatura de Pedro Sánchez tuvo alguna posibilidad de prosperar, en ese momento quedó anulada.

Desde ese instante, Sánchez fue sometido un tremendo *pressing* por parte de los barones y viejas glorias del partido para que no se le ocurriese aglutinar a los 175 diputados de la izquierda y los nacionalistas. Así las cosas, al candidato socialista no le quedó otra vía que arrimarse a Ciudadanos, con quien alcanzó un acuerdo con base en 200 medidas, que garantizaba el apoyo de esta formación a su investidura.

Estaba claro que se trataba de una muerte anunciada, pero los días 1, 2 y 4 de marzo de 2015 Pedro pasó el trago, con el resultado negativo que hoy ya es historia.

Vino después otro mes de negociaciones sin resultados positivos, hasta que el Rey firmó el 3 de mayo la convocatoria de unas nuevas elecciones para el domingo 26 de junio. Como resultado, la situación se clarificó poco. Subida del PP y ligero descenso de PSOE y Podemos.

El temor a la necesidad de una nueva repetición de elecciones y el runrún premeditadamente extendido de que Pedro Sánchez pusiera en marcha lo que las «fuerzas vivas» apodaron como «operación Frankenstein», es decir, una gran alianza de todos los que no fueran el PP y Ciudadanos para encumbrarle a la presidencia de España, provocó un toque a rebato. Se trataba de iniciar una especie de desembarco de Normandía, en el que las tropas aliadas contaran con todos los medios de comunicación, las empresas grandes y medianas, los tertulianos de todos los espectros, la Conferencia Episcopal y, sobre todo, las baronías socialistas y su Comité Federal. El objetivo no era invadir Dunkerque, sino «matar» al roqueño del «no es no».

En aquellos días hubo personas muy influyentes que intentaron convencerme para que me uniera a las tropas del desembarco. Sabían que suelo aparecer en programas televisivos y que mis opiniones son seguidas por millones de espectadores. Pero los argumentos que aducían fueron tan poco consistentes que decidí hacer lo contrario y denunciar lo que a mi modo de ver fue una campaña de acoso y derribo contra un hombre cuyo delito era cumplir su compromiso de no permitir la investidura de Rajoy con los votos del PSOE.

Este tipo de operaciones, en las que hay tanto en juego y participan tantos, requiere una planificación minuciosa para evitar que fallen. Y aunque son muchos los que se apuntan, el diseño para llevarlas a buen puerto lo suelen organizar pocos. En este caso, según me aseguraron fuentes de toda solvencia, el «Estado Mayor» que inició las hostilidades lo formaban cuatro personas, reunidas en una larga cena con sobremesa.

Estaréis ansiosos por leer quiénes fueron esos cuatro «capitanes generales» del alto «Estado Mayor». Naturalmente, me han contado quiénes eran, pero entenderéis que no sea tan insensato de hacer públicos sus nombres sin tener pruebas contundentes en mi poder.

Los asistentes a aquella cena, auténticos pesos pesados, controlaban en teoría a los medios de comunicación, a las empresas y a políticos de renombre. Alguien de solvencia indubitada tendría que iniciar las hostilidades poniendo en duda la credibilidad de Pedro Sánchez para iniciar la misma música con toda la orquesta.

Quizá no fuese así, pero todos los medios de comunicación salieron a la calle el 27 de septiembre con Felipe González en la foto de portada y este titular: «Me siento engañado por Sánchez; me dijo que se abstendría en segunda votación». También decía otras cosas: «Las terceras elecciones serían un disparate, nos podrían llevar a una crisis del sistema»; «Un Gobierno Frankenstein no es bueno, ni es posible»; «Alguno tendrá que asumir la responsabilidad de ir de derrota en derrota». En suma, estaba pidiendo públicamente la abstención del PSOE para permitir la elección de Mariano Rajoy.

Llegados a ese punto, Ciudadanos había pasado en pocos días del «no es no» a la abstención y, finalmente, al voto favorable.

El expresidente del Gobierno y gurú para muchos socialistas hacía sus declaraciones desde Santiago de Chile, pero no por casualidad. Felipe González cogió la batuta, y un clamor sin prácticamente excepciones se unió a su postura. Nos situaban ante un mentiroso patológico.

El 28 de septiembre de 2016 era miércoles y yo me encontraba en Madrid. Participé en directo en el programa *Espejo público,* que sabiamente conduce Susanna Griso. A las 11 de la mañana me senté en el plató, donde había otros tres comentaristas, cuyos nombres no recuerdo. Tras un cariñosísimo saludo, Susanna me pone en pantalla las declaraciones de Felipe González y me espeta: «Esto, Miguel Ángel, es una bomba. Estas manifestaciones presentan a Pedro Sánchez como un político mentiroso». Hice una pausa, y, como tengo buena memoria, creo que puedo reproducir casi exactamente lo que dije: «¿Esa confidencia de Pedro a Felipe se la hizo en una conversación privada, en el pasillo de algún acto protocolario? A mí lo que me interesa de un político es lo que dice al conjunto de los ciudadanos en una campaña electoral. Para mí lo más sagrado es la promesa de un partido a los electores sobre el destino de los votos que reciben. Quien vota a una formación lo hace para que gane y gobierne, aunque lo habitual sea que no haya mayorías y que por tanto sean necesarios los pactos para configurar un gobierno. Por eso es importante que los partidos aclaren previamente a los electores con quién van a pactar».

Dejé claro que para mí es sagrado aclarar a los ciudadanos este asunto antes de que metan su papeleta en las urnas, para así evitar sorpresas. Conté la experiencia de las elecciones celebradas en Cantabria en 1987. En aquella campaña, el PRC y, sobre todo, yo, que encabezaba la candidatura, dejamos claro en todos los mítines y programas que jamás pactaríamos con Alianza Popular, que tenía a Juan Hormaechea como líder. Celebradas las elecciones, nuestros cinco diputados podían posibilitar la mayoría con el PP. Las presiones que sufrimos fueron horrorosas, incluso a nivel de las familias. Casi me echan de Cantabria, pero me mantuve firme. Claro que sirvió de poco, porque al cabo de menos de un mes «compraron» a dos de mis compañeros para lograr la mayoría. Una operación parecida a la que se organizó años después en Madrid, aquel «tamayazo» que propició la llegada del PP al Gobierno de la comunidad autónoma y permitió luego que tanta rana se forrase.

Aunque yo no era, ni soy, ni del PP ni del PSOE, me negué a participar en la cacería a Pedro Sánchez. Y me preguntaba: ¿se conoce algún episodio de corrupción en su vida? Que se sepa, no. ¿Fue nombrado secretario general a dedo? Que yo sepa se presentó a unas elecciones primarias abiertas y democráticas y ganó en buena lid a otros dos candidatos. ¿Ha cambiado su planteamiento sobre posibles pactos durante las dos campañas electorales celebradas? En absoluto. Si algo tenían claro quienes apoyaron al PSOE es que ni sus votos ni su abstención propiciarían la vuelta de Mariano Rajoy a la Moncloa, y no solo por decisión de su secretario general, sino con el acuerdo del máximo órgano de dirección del partido entre congresos, el Comité Federal.

Por lo tanto, concluí que a mí lo que le contara en privado a Felipe González no me interesaba. Para mí lo importante era lo que había prometido en público y en voz alta, a mí y a todos los españoles. Y en ese sentido su comportamiento era impecable.

A raíz de las declaraciones de González, televisiones, periódicos, radios, asociaciones empresariales, el clero, creadores de opinión —salvo algunas excepciones—, entraron a saco contra «Pedro el malo» y lo hicieron con un argumentario similar: unas terceras elecciones ponen en riesgo a España y su credibilidad. Pedro es un sujeto ambicioso y peligroso, dispuesto a pactar con grupos antisistema y nacionalistas solo para satisfacer su patológico egocentrismo. Todos los editoriales de la prensa y la radio, de todas las tendencias ideológicas, mostraron una sorprendente unanimidad: ¡fuera Pedro Sánchez!

En los años posteriores a la Transición, si veías a alguien con *El País* bajo el brazo, sabías que era una persona de izquierdas. Si veías a otro con el *ABC,* pensabas que era de derechas. Ahora todos los editoriales eran similares y todos defendían un Gobierno de Mariano y acabar con Pedro.

Paralelamente, el aparato oficialista del partido, encabezado por Susana Díaz, fue preparando su descabezamiento. La «operación entierro» se planificó en dos actos. El miércoles 28 de septiembre de 2016, un día después de que Felipe encendiera la mecha de la voladura al decir que Pedro le engañó, Antonio Pradas, secretario de Política Federal del PSOE, presentó en la sede del partido la dimisión en bloque de 17 miembros de la Ejecutiva Federal para forzar su disolución, al quedar reducida a 18 miembros (son un total de 38), y lograr con ello la dimisión de Pedro Sánchez.

En la tarde del sábado 1 de octubre tuvo lugar la que probablemente será recordada como la reunión más bochornosa de las celebradas por el centenario Partido Socialista en su historia. Pero los objetivos que se perseguían, más allá de que el PSOE saliera del contubernio destrozado, se consiguieron. Tras rechazar la convocatoria de un Congreso, el Comité Federal forzó la dimisión de Sánchez.

Esa noche, a las 21:00 horas, un taxi me llevaba al plató de *La Sexta Noche,* programa al que acudo una vez al mes para hablar durante dos horas de lo humano y de lo divino. Iba escuchando la Cadena SER cuando me sonó el móvil y vi en pantalla el nombre de Pedro Sánchez. Me sorprendió que en medio de lo que estaba ocurriendo en la sede de la calle Ferraz tuviera el detalle de llamarme. Mandé apagar la radio y mantuvimos un breve diálogo. «¿Qué tal estás?», le pregunté. «Puedes imaginártelo. Te llamo para darte las gracias por todo lo que me has apoyado». Le dije que no tenía nada que agradecer, porque yo siempre actúo en conciencia y me había limitado a expresar con absoluta libertad mi opinión sobre la impresentable campaña que habían orquestado en su contra los grandes poderes.

Le pregunté si la gestora constituida ese día acabaría convocando elecciones primarias. «Supongo que sí», me respondió. Yo volví a la carga y le animé a presentarse si las cosas eran así. Lacónicamente me dijo que sí. «Un abrazo», «otro abrazo» y «adiós» pusieron fin a la conversación.

A las 22:15 aparecí en el programa. Tenía enfrente a Iñaki López, Ignacio Escolar y Nativel Preciado. Me preguntaron por lo que había ocurrido esa tarde en la sede del PSOE y cómo habían acabado con el secretario general. Quizá de manera imprudente conté la conversación que había mantenido con Pedro una hora antes. Al día siguiente, la noticia en los medios de comunicación fue que «Pedro Sánchez le dice a Revilla que se presentará a las primarias».

La operación para cargarse al hasta entonces líder socialista y facilitar la elección de Rajoy como presidente iba viento en popa. Pedro entró en un prolongado silencio y los estrategas del «desembarco de Normandía», en este caso el desembarco de la sustituta para liderar Ferraz, comenzaron a calentar motores. Susana Díaz empezaba a enseñar la oreja, visitando platós de televisión y estudios de radio. Se organizaron *tournées* por media España. Los promotores de aquella campaña daban por sentado que para ella sería un paseo militar alzarse con la Secretaría General y convertirse en la primera mujer que liderara el partido.

Sin decirlo de manera abierta, todos sabían que era cuestión de elegir el momento y hacerlo en un lugar con presencia masiva de militantes y personajes históricos. El 29 de octubre de 2016 fue la fecha elegida para culminar la tramoya montada. Todo estaba atado y bien atado para que el PSOE pasara del «no es no» a la abstención. Ciudadanos había dado una vuelta completa a la rotonda, del no inicial a la abstención para acabar en el sí.

Todo el morbo de aquel día de investidura estaba en conocer la postura que adoptaría Pedro Sánchez, si mantendría el «no es no» o acataría la disciplina de su Comité Federal, que había ordenado la abstención. Poco antes de la hora del pleno, Pedro Sánchez compareció en rueda de prensa para anunciar su dimisión como diputado. Acababa de actuar con coherencia y poniendo la primera piedra para su resurrección.

Mariano Rajoy volvió a ser presidente. Los que votaron a favor de su investidura y los que se abstuvieron olvidaron que elegían a un presidente que había amparado la etapa más corrupta de la historia de España.

A partir de ese momento, la gestora que regía los destinos del PSOE, y que ya llevaba demasiado tiempo haciendo un papelón, convocaba elecciones primarias. Serían el 21 de marzo de 2017. Comenzaba la carrera electoral y todos preveían que la liza estaría entre Pedro Sánchez y Susana Díaz.

Sorprendentemente, el 15 de enero de 2017, Patxi López, hasta ese momento en el núcleo duro de Pedro, anunciaba su candidatura a la Secretaría General. Mi opinión, que me perdone mi amigo Patxi, es que su postulación fue alentada por el equipo de Susana Díaz para disuadir a Pedro de presentarse y, en todo caso, restarle posibilidades en el enfrentamiento de verdad, que tenía que ser entre Sánchez y Díaz.

Lejos de amilanarse ante la sorprendente candidatura de su hasta entonces «amigo» e incondicional compañero de planteamientos políticos, Pedro anunció su candidatura el 28 de enero.

Ya solo faltaba la jefa. La que tenía que recibir la aclamación de los militantes para la que tantos habían movilizado todos los resortes del poder. La puesta en escena se preparó con tiempo y con mimo. Tenía que ser un acto de tal poderío que disipase cualquier duda sobre quién iba a ganar. La fecha elegida fue el 26 de marzo, un domingo, para no tener interferencias laborales. El lugar, la capital de España, en el amplísimo pabellón 1 de Ifema. La hora, las 12 del mediodía.

Desde primera hora de la mañana, decenas de autobuses de toda España aparcaban en las puertas de la Feria de Muestras de Madrid. Los fans abarrotaron una sala enarbolando banderas del PSOE y vistosas pulseras con el lema «Yo soy Susana». Ella se hizo esperar casi una hora, para excitar más a sus correligionarios, antes de aparecer, por fin, arropada por todos los pesos pesados de la organización.

La aparición fue apoteósica. La secundaba la *crème de la crème* del PSOE presente y pasado. Allí estaban Felipe González, José Luis Rodríguez Zapatero, Alfredo Pérez Rubalcaba, Carme Chacón, José Bono, Alfonso Guerra... Los presidentes autonómicos, como Guillermo Fernández Vara, Emiliano García-Page, Javier Lambán, Ximo Puig y el presidente de la Gestora y de Asturias, Javier Fernández.

El auditorio, repleto con más de 7.000 personas, se vino arriba en aplausos y vítores. Susana empezó su discurso dejando las cosas claras: «Me siento feliz de anunciar con todo orgullo mi candidatura a la Secretaría General del PSOE».

Ya estaban los tres gallos en la pista. Nadie daba un euro por Sánchez. Pero la traca y la pirotecnia de Madrid fue la quema de todos los cartuchos.

Sánchez inició una vuelta a España en la que se comprobaban sus apoyos. Llenaba locales en todas las ciudades y pueblos por los que pasaba con un argumento sencillo y demoledor: «Me eligieron los militantes para no consentir que Mariano Rajoy fuera presidente. Esa era nuestra promesa electoral y yo he cumplido. Cuando el Comité Federal ordena otra cosa, yo dimito».

El «no es no» siguió cogiendo fuerza y aumentando el número de seguidores a todos los actos convocados por Sánchez. Los rivales no querían ver la realidad y achacaban esa respuesta masiva a los mítines a la presencia de personas de Podemos y no afiliados. Y los grandes gurús de las tertulias y los encuestadores daban por hecha la victoria de Susana.

A mí me entrevistó la Cadena Ser cinco días antes de las elecciones primarias. Cuando me preguntaron, opiné que iba a ganar Pedro Sánchez y con amplia ventaja.

Un gran error que cometen frecuentemente los políticos es salir poco a la calle y creer que la realidad es la que les transmiten los palmeros de su entorno. No es mi caso. Yo estoy mucho en la calle y me paro a hablar con la gente, voy a comprar a tiendas y mercados, y en aquel momento observaba una disparidad enorme entre el militante de base del PSOE y sus dirigentes.

El 21 de mayo, cuando se abrieron las urnas, se confirmó lo que yo pensaba. Para sorpresa e incredulidad de muchos, Pedro había resucitado. Salvo las elecciones en las que participa mi partido, jamás había seguido con tanto interés unos comicios. Y me llevé una gran alegría al comprobar cómo una batalla desigual entre David y Goliat la ganaba aquel que se consideraba más débil. Fue un alivio descubrir que no siempre ganan quienes montan operaciones a gran escala.

Ese día me fui tarde a la cama y dormí muy bien, pensando que los grandes poderes que lo planifican todo a veces no ganan.

No sabía entonces lo que le deparaba el futuro a Pedro Sánchez. Yo simplemente le apoyé en aquella coyuntura porque me rebelo frente a las injusticias y porque en un enfrentamiento contra los poderosos siempre estaré del lado del más débil.

Agradecido por aquel apoyo desinteresado que le presté, Pedro Sánchez no cesaba de llamarme para darme las gracias. Incluso me propuso que fuera a su casa a comer junto a Aurora. Le dije que no me gusta ir a las casas particulares, porque es un engorro, y que, si quería invitarme, lo hiciera en un restaurante de Madrid. Y así fue.

Me dio a elegir fecha y yo escogí el 2 de septiembre de 2017. Era sábado y ese día había quedado para participar en *La Sexta Noche,* así que mataba dos pájaros de un tiro. Quedó en avisarme el mismo día 2 por la mañana del restaurante elegido.

Recuerdo que aquel día no había vuelo desde Santander, así que cogí en Bilbao el avión a Madrid que despegaba a las 13:00 horas. Una hora antes ya estaba en el aeropuerto cuando me llamó Pedro para proponerme la comida en El Asador Donostiarra. «Buen lugar», me dije para mis adentros. Había comido allí una vez, invitado por la Asociación de Taxistas de Madrid, que me dedicó un homenaje por la defensa que siempre hago del sector. Quedamos a las 14:30 horas. Si todo iba normalmente, tenía tiempo de sobra para llegar puntualmente, como hago siempre.

Ya estaba sentado en el avión cuando anunciaron el retraso del vuelo a causa de una avería. Llegaron las 14:30 y, en vez de estar sentado con Pedro comiendo, seguía dentro del avión. Eran las tres de la tarde cuando finalmente entré en el asador arrastrando mi *trolley*.

El local estaba abarrotado de gente. Un empleado que, obviamente, me reconoció acudió a saludarme muy efusivamente y me preguntó si tenía reserva, porque el restaurante estaba lleno. Le dije en voz baja que venía invitado por Pedro Sánchez, al que suponía ya acomodado en el interior. «Sí, ya está aquí desde hace mucho tiempo; acompáñeme al reservado», me respondió el camarero.

Era una habitación pequeña, y, efectivamente, allí estaba Pedro Sánchez, degustando un plato de chistorra y con una botella de vino Ribera del Duero abierta encima de la mesa. Recuerdo que era de la famosa bodega de Emilio Moro. Nos dimos un abrazo y le expliqué el motivo del retraso.

Él ya había pedido un chuletón de buenas proporciones con pimientos de Padrón y patatas fritas. Como llegaba tarde y yo lo que quería era hablar, me limité a terminar la chistorra y pedí una tortilla de bacalao. De postre elegimos queso manchego para los dos y terminamos con un café, que yo acompañé con un chupito de orujo de Liébana, que lo tenían.

Durante las dos horas siguientes hablamos de lo humano y de lo divino. Sobre todo de Cantabria, donde habíamos renovado el pacto de Gobierno PRC-PSOE. Sobre las cinco me sugirió que no saliésemos juntos para evitar las fotos. Me pareció una buena idea. A mí tampoco me apetecía esa foto.

Pedro se levantó y me dijo: «Saldré yo primero». Nos volvimos a abrazar y allí me quedé *solucu* 10 minutos más, sentado degustando el orujo. A las 17:15 cogí la maleta rodante, abrí la puerta del reservado y me encaminé por un largo pasillo hacia la salida para coger un taxi con destino a mi hotel. Pero, ¡oh, sorpresa!, escuché a mis espaldas, a cierta distancia, que alguien me llamaba. «Señor Revilla, señor Revilla...». Cuando volví la cabeza, comprobé que no era un fan en busca de una foto. Era un señor mayor con uniforme de mesonero, agitando con la mano un papel blanco, mientras me decía con voz potente: «¡La factura!».

Pasé un horrible momento de apuro. Aún quedaban comensales en las mesas y fueron testigos del incidente. Me acerqué a la persona que portaba la factura y le dije: «Yo era el invitado, no fui yo quien reservó la mesa, lo hizo el que se ha marchado». «Es cierto lo que me dice, pero alguien tiene que pagar», me contestó. Saqué la tarjeta y pagué, claro.

Y que quede claro que lo pagué de mi bolsillo. No pasé aquella factura ni al Gobierno ni a *La Sexta Noche*. Aún la conservo. Fueron 98 euros y dejé 5 de propina. Estoy *seguro* de que fue un olvido.

Todo esto ocurrió antes de que Sánchez resultara elegido presidente del Gobierno de España.

Ahora han pasado cinco años y es el momento de mojarme analizando su gestión como presidente de España.

Una vez resucitado tras ganar las primarias de su partido en mayo de 2017, Pedro Sánchez se erigió en jefe de la oposición al Gobierno presidido por Mariano Rajoy desde 2016. Era un Gobierno en minoría, apoyado por Ciudadanos y Coalición Canaria, al que le quedaba poco más de un año de vida, pero eso en aquel momento no lo sabíamos.

El 24 de mayo de 2018 la Audiencia Nacional, tras investigar el caso Gürtel, determinó la existencia de una estructura de contabilidad y financiación ilegal que se remontaba al mismo momento de la fundación del Partido Popular en 1989. Aquella sentencia, unida a la crisis catalana y la aparición de otros muchos escándalos de corrupción, desató un auténtico terremoto político y mediático.

El PSOE presentó inmediatamente una moción de censura al Gobierno de Rajoy. Ciudadanos anunció que la apoyaría y retiraría el respaldo que había brindado al gabinete del PP. La suerte estaba echada.

La censura se votó el 1 de junio de 2018. Salió adelante con 180 votos a favor. El «resucitado» no solo estaba vivito y coleando, sino que había pasado de ser repudiado por su partido a convertirse en presidente del Gobierno de España. Pero las cosas no fueron fáciles para aquel primer Ejecutivo de Sánchez. El Congreso de los Diputados rechazaba el 13 de febrero de 2019 los Presupuestos Generales del Estado propuestos por el Gobierno. La respuesta del presidente fue convocar elecciones generales anticipadas para el 28 de abril.

El resultado que arrojaron las urnas fue una total ingobernabilidad. El PSOE ganó las elecciones, pero con solo 123 escaños. El PP pasó de 137 a 66, Ciudadanos creció hasta 57, Podemos cayó de 71 a 42 (con En Comú Podem y En Común), Vox consiguió 24; ERC, 15; JxC, 7; PNV, 6; EH Bildu, 4; CC, 2; Navarra Suma, 2; Compromís, 1, y el PRC, el primer diputado nacional de su historia.

Con semejante panorama, el PSOE llegó a la votación de investidura con un único apoyo, precisamente el del diputado regionalista, José María Mazón, a quien se pasó a conocer como el diputado 124.

En mi partido lo tuvimos claro. Apoyamos a Pedro Sánchez porque su programa defendía un gobierno en solitario, con apoyos puntuales, y sin concesiones a ninguno de los grupos que para nosotros resultan incompatibles ideológicamente, como son los nacionalistas.

Fracasado el intento de investidura, el presidente tuvo que convocar nuevas elecciones para el 10 de noviembre de 2019. Y de nuevo se saldaron con un panorama ingobernable: 120 escaños para el PSOE, 88 para el PP, 52 para Vox, 35 para UP, 13 para ERC, 10 para C's, 8 para JxC, 7 para PNV, 5 para EH Bildu, 3 para Más País, 2 para la CUP, 2 para CC, 2 para Na+, y 1 para BNG, PRC y ¡TE! El PRC mantuvo a su diputado con muchos más votos que en abril.

Y entonces fue cuando Pedro Sánchez, que en la campaña se había comprometido a no gobernar con partidos independentistas, cambió. De la noche a la mañana pasó a decir lo contrario y se propuso como candidato a la Presidencia del Gobierno con el apoyo de Podemos y los independentistas. Como consecuencia, el PRC, el único que le había apoyado en el primer intento de investidura, votó en contra.

¿Qué había pasado para que en apenas unos meses pasáramos del sí al no a Pedro Sánchez? Pues que la elección pasó de ser un programa de gobierno socialista a convertirse en una coalición del PSOE con Podemos con ataduras en el independentismo catalán inasumibles para el ideario del Partido Regionalista de Cantabria.

La investidura se presentaba tan ajustada que en algún momento parecía que su éxito o fracaso dependería de un solo diputado. Precisamente de aquel diputado del PRC llamado José María Mazón, que fue el único en apoyar el primer intento de investir a Pedro Sánchez.

Dada la experiencia anterior, el PSOE debía suponer que nuestro voto estaba asegurado, teniendo en cuenta además que en Cantabria habíamos revalidado la coalición de Gobierno tras las autonómicas de mayo del mismo año 2019. Pero nada más lejos de la realidad. El Comité Ejecutivo, por unanimidad de sus 63 miembros, decidió votar no.

La explicación es muy sencilla. No es lo mismo votar a favor de un Gobierno del PSOE para que lleve adelante su programa que apoyar un Gobierno de coalición con Podemos y acuerdos con el independentismo catalán inasumibles para un partido como el PRC, profundamente español.

La reacción del PSOE fue furibunda. Nuestros socios de Gobierno en Cantabria anunciaron la ruptura del pacto si consumábamos nuestra intención de votar en contra de la investidura de Pedro Sánchez.

En aquellos días me llamaron prácticamente todos los ministros para tratar de convencerme. La respuesta contundente fue siempre la misma: no. En la víspera de la votación fue Pedro Sánchez quien no paró de llamarme. No le cogí el teléfono. A las 10 de la noche me mandó un mensaje: «Parece mentira que no me cojas el teléfono». Le pedí a mi mujer que le contestara con este texto: «Si vuelves a llamarme, te lo cojo, pero te adelanto lo que te voy a decir, "no es no"; esa frase se hizo famosa en tu boca y la cumpliste cuando te negaste a permitir la investidura de Rajoy». Entonces se acabaron las presiones.

Al día siguiente, Pedro Sánchez fue elegido presidente por los pelos, y con el voto en contra del PRC. Nuestros socios socialistas de Cantabria no cumplieron su amenaza de abandonar el Gobierno. El cabreo de Pedro duró algunos meses, pero poco a poco se le fue pasando, aunque las relaciones personales ya no volvieron a ser las mismas.

Después de casi tres años de gestión, considero que el Gobierno de Pedro Sánchez nació con un pecado original que le ha perseguido toda la legislatura y que ha facilitado argumentos a sus opositores. A los políticos, además de honradez, hay que pedirles que cumplan en la medida de lo posible los compromisos asumidos con los electores. Y si hay algo que los ciudadanos quieren saber, sobre todo es qué hará el partido al que votan si no obtiene mayoría absoluta. Con quién se coaligará y con quién no.

Pedro Sánchez se presentó ante su electorado con un programa y un compromiso: «Gobernaré solo y no pactaré con un partido como Podemos, que me quitará el sueño todas las noches. Tampoco haremos concesiones a los independentistas catalanes, que quieren separarse de España vulnerando nuestros preceptos constitucionales». Está claro: de lo prometido, nada. Consumó la coalición y, al parecer, desapareció el insomnio. Y suscribió un acuerdo con los independentistas catalanes para abrir una mesa de negociación sobre el conflicto territorial.

Es cierto que, si no llega a hacerlo, habríamos tenido que acudir a las urnas por tercera vez en tres años. Y Pedro Sánchez, un hombre concienzudo y ambicioso, habría perdido el último tren para reafirmarse en el cargo de presidente. Hay quienes tienen en el ADN aparcar los principios en aras del poder. Yo creo que esa coalición contra natura a la que llamo pecado original le perseguirá siempre.

Para mí, las coaliciones tienen que ser coherentes, y no lo son cuando un partido como el PSOE, inequívocamente español desde sus orígenes y que lleva la E de España en sus siglas, pacta con partidos que reniegan de esa E. Es un cóctel imbebible.

Analizado el pecado original, me resta abordar su gestión. No podemos hacer abstracción de la coyuntura terrible que nos ha tocado afrontar a todos los gobernantes con dos años de pandemia y ahora una guerra. Nadie le puede negar al presidente español tenacidad y capacidad de trabajo.

Si llamativa fue su «resurrección» con casi todo su partido en contra, no es menos asombroso que continúe vivo políticamente después de tres años de Gobierno con semejantes compañeros de viaje.

Estamos, sin duda, ante un hombre obstinado que cuando se marca un objetivo no ceja hasta conseguirlo.

Un rival con el que no es fácil acabar, como bien saben los partidos de la oposición, y que ha mejorado notablemente en estos tres años en los debates parlamentarios.

Fuera de España se ha consolidado como un líder bastante solvente. Es el primer presidente español que habla inglés y se ha prodigado por medio mundo. En la crisis provocada por la pandemia ha tenido un protagonismo especial, dentro y fuera de la Unión Europea.

Comparando la etapa de Mariano Rajoy en Europa con la desarrollada por Pedro Sánchez, no hay color. Mariano destacaba en Europa como un pulpo en un garaje. En la etapa 2011-2015 tragó estoicamente toda la disciplina de recortes que puso encima de la mesa la presidenta alemana Angela Merkel. Su capacidad para hacer valer las razones de España fue nula. Se le veía como un monaguillo en la curia de Bruselas.

Pedro Sánchez ha tenido un protagonismo importante, como el resto de los presidentes europeos, a la hora de gestionar la pandemia. Se le ha visto jugar su papel en la obtención de vacunas gratis y abundantes para todos, amén de cuantiosos fondos para restituir en un plazo de dos-tres años las consecuencias de la debacle económica.

La habilitación de los ERTE para las empresas evitó que cuatro millones de españoles se sumaran a los 3,5 millones de parados registrados en nuestro país. Sin ese instrumento, la situación de España habría sido insostenible.

Con la llegada de la segunda pandemia en forma de guerra, también ha tenido protagonismo intentando paliar el coste de la energía que pone en riesgo nuestro tejido industrial, aunque el éxito ha sido muy limitado.

El problema catalán hay que reconocer que vive hoy una situación mejor que en la etapa de Mariano Rajoy. Hace cuatro años Cataluña copaba las portadas de periódicos, radios y televisiones. No había día que no fuera noticia ese conflicto. Hoy el problema no está resuelto, pero convendrán conmigo en que ha pasado a un segundo plano. La apertura de negociaciones con los independentistas ha fraccionado ese bloque.

No puedo dejar de preguntarme cómo hubiera lidiado el PP estos tres años tan duros que hemos vivido en España y en qué situación estarían las relaciones de Cataluña con el Gobierno. Está claro que por la vía judicial y policial exclusivamente no íbamos a ninguna parte.

Afortunadamente, estamos en Europa para lo bueno y para lo malo, y eso supone acatar las decisiones de los órganos europeos que no toleran limitaciones ni excesos en las decisiones judiciales. También es cierto que, con el ataque a Cataluña y País Vasco, el Partido Popular ha conseguido un granero de votos en el resto de España, sabiendo que en esos dos territorios los tiene más que perdidos.

Aunque parezca milagroso, con tan variopinta jungla política, Pedro Sánchez ha sacado adelante todos los presupuestos y la mayoría de las leyes. Nadie apostaba por la estabilidad de ese Gobierno que la oposición denomina «Frankenstein», pero, ¡oh, paradojas!, más allá de las broncas diarias entre sus socios, el actual Gobierno de España es uno de los más estables de Europa. Miremos alrededor y veamos cómo están Italia, Reino Unido, Francia...

El pacto contra natura del PSOE con Podemos y los apoyos de los partidos que quieren romper España, repetido hasta la saciedad por la oposición, ha calado sin duda en la ciudadanía y hace muy probable que lleve a Alberto Núñez Feijóo a la Moncloa, con los votos del PP y Vox.

Pero, ¡ojo!, Pedro ya estuvo enterrado en una ocasión y resucitó. Es enemigo de cuidado, aunque, a escasos meses de las elecciones autonómicas y a menos de un año de las generales, acaba de adoptar una decisión que puede tener un coste importante para el Partido Socialista. Me refiero a la posible eliminación del delito de sedición. La derecha lo va a explotar, está claro. Ya ha empezado a hacerlo, hablando de un claro peaje al independentismo catalán para sacar adelante los presupuestos generales de 2023 y mantener al PSOE en el poder hasta completar la legislatura.

Está claro que, con el tiempo, el delito de sedición necesitaría una reforma para adecuarse a la legislación europea, pero lo cierto es que el presidente no ha podido elegir un momento peor para hacerlo.

Y tampoco favorece al PSOE la inexistencia de una alternativa al liderazgo de Sánchez.

31. El idilio que no pudo ser

Era el mes de febrero de 2021 cuando recibí una llamada de la vicepresidenta tercera y ministra para la Transición Ecológica y el Reto Demográfico, Teresa Ribera, con quien apenas había tenido relación personal hasta entonces. Yo estaba receloso ante la intención que su Ministerio había comunicado a las comunidades autónomas, a petición de una organización ecologista (ASCEL), para incluir a todas las poblaciones de lobo de España en el Listado de Especies Silvestres en Régimen de Protección Especial, en el que hasta entonces solo figuraban las situadas al sur del Duero, donde esta especie está prácticamente extinguida.

En abril de 2020, en plena pandemia, recibimos esa comunicación ministerial, en la que nos pedían un informe para conocer nuestra postura. Los técnicos de la Consejería de Medio Ambiente de Cantabria informaron negativamente, porque aquí el lobo no solo no está en peligro de extinción, sino que en apenas 30 años ha incrementado su presencia, pasando de cinco manadas en 1995 a 20 en 2020. También ha aumentado su área de distribución, que ha pasado de 2.300 kilómetros cuadrados a 3.600. El resto de las autonomías que albergan lobos, fundamentalmente Castilla y León, Galicia y Asturias, también informaron negativamente.

A pesar de ello, el 4 de febrero de 2021, el Ministerio planteó en la Comisión Estatal de Patrimonio Natural y Biodiversidad la inclusión del lobo en el LESPRE. La Comisión aprobó la propuesta por mayoría, curiosamente gracias al voto del propio Ministerio y de las comunidades autónomas que ni tienen lobos ni los pueden tener, como es el caso de Baleares y Canarias. Aquel informe de la Comisión era preceptivo, pero no vinculante, por lo que la decisión final estaba aún en manos de la ministra.

Y en este contexto recibí su llamada. «¿Qué tal estás, Miguel Ángel? Quiero que sepas que soy una gran admiradora tuya y que tengo muchas ganas de conocerte». Sus palabras me sorprendieron bastante, pero nunca he sido inmune a los halagos, así que me puse a su disposición para vernos cuando mejor le viniera. «Si tienes un rato la semana que viene, puedo acercarme a Santander y te invito a comer», me dijo. «De ninguna manera. Te invito yo. Dime qué día te viene mejor y lo dejo todo para verte», le respondí.

Y así fue cómo la invité a comer en el ya mencionado Club Marítimo de Santander, que cuenta con uno de los restaurantes más elegantes de la capital de Cantabria. Quedamos el 28 de febrero. Hacía un día estupendo, soleado y con buena temperatura, así que reservé mesa en la terraza del establecimiento, con unas vistas espectaculares de la bahía santanderina. Previamente avisé a Aurora, para que no le pillara por sorpresa si llegaba a sus oídos que me habían visto comer a solas con una señora.

El menú que elegí no podía ser más apetitoso, a la altura de mi ilustre acompañante: anchoas de Cantabria, croquetas y rabas de peludín para empezar y una lubina a la sal recién salida de la lonja. Todo ello regado con un vino blanco de la Ribera del Asón. Y de postre, tarta de hojaldre de Torrelavega.

Mientras dábamos buena cuenta de aquellos deliciosos manjares, la ministra se deshacía en elogios hacia mi persona. Y no solo me obsequió con palabras, sino que incluso me trajo como regalo un bizcocho, hecho por ella misma, según me dijo. «Anoche estuve hasta las dos de la madrugada preparando para ti y tu mujer una de las recetas que mejor se me dan», me explicó antes de mostrarme el dulce que traía dentro de un túper y que, efectivamente, parecía casero. Yo no soy de dulce, pero Aurora, que es una gran cocinera, me aseguró después de probarlo que estaba de verdad delicioso. Si es cierto que lo hizo ella, parece que la ministra tiene mano para la cocina.

Entre el regalo y los halagos, cuando llegamos a los postres mi autoestima estaba por todo lo alto, pero algo me decía que todo aquel despliegue tenía un propósito aún por desvelar. Y, por supuesto, lo tenía, como comprobé una vez que nos sirvieron el café.

La ministra me cogió la mano y me dijo: «Miguel Ángel, necesito tu ayuda, y sé que me vas a apoyar, porque tú eres una persona muy razonable». Empecé a temerme lo peor. «Estoy sufriendo muchísimas presiones y tengo que incluir al lobo en el Listado de Especies Silvestres en Régimen de Protección Especial, pero aquí tienes a un consejero de Desarrollo Rural y Medio Ambiente, Guillermo Blanco, que es un auténtico radical en este tema». Yo no daba crédito.

Quienes habéis leído mi primer libro, *Nadie es más que nadie,* conocéis bien mis orígenes rurales y mi pasado como pastor de ovejas, cuando apenas era un niño, en mi valle natal de Polaciones, y viví una de las experiencias que más me han traumatizado y que nunca he olvidado.

Tenía entonces apenas ocho años. A esa edad, en 1951, los niños éramos tratados como adultos a la hora de trabajar y participábamos en los turnos que se organizaban en el pueblo para cuidar del ganado de todos. En mi casa apenas teníamos tres vacas, un caballo y unas 10 ovejas, y nos correspondía sacar a pastar el rebaño del pueblo un día. Cuando nos tocó, me encomendaron a mí el trabajo, que ya había hecho en otras muchas ocasiones.

Recuerdo que era verano. A primera hora, alrededor de las siete de la mañana, sonó la campana. Era el aviso a los vecinos para que abrieran sus establos y agruparan al ganado. Y allí estaba yo, preparado para cumplir con la responsabilidad que me encomendaban, portando una talega en la que mi madre se había encargado de ponerme la comida, a base de pan, chorizo y torreznos. Iba conmigo mi perro Ton, nervioso y excitado por emprender el viaje de pastoreo que nos esperaba y que duraría alrededor de 12 horas.

Solíamos partir a las siete de la mañana y regresar sobre las siete de la tarde, siempre por la misma ruta, desde el pueblo, a 1.200 metros de altitud, hasta una pradería próxima a Peña Labra, a 2.088 metros. Todo el camino era de pastos comunales, en los que se alternaban brañas de brezo y hierba con hayedos.

Las ovejas subían despacio, comiendo por el camino. Sobre las dos de la tarde llegamos al pastizal de Las Llampizas, donde había una fuente de aguas tan frías que cortaban la garganta. Allí abrí la talega para dar buena cuenta de la comida preparada por mi madre, mientras las ovejas pastaban en la inmensa explanada rodeada de árboles.

Serían las cuatro de la tarde cuando me decidí a reunir de nuevo a las 250 ovejas a mi cargo para iniciar el regreso. Y entonces viví uno de los episodios más terribles de mi vida. De repente, y sin que nada me alertara de ello, aparecieron en la pradería lo que en un primer momento pensé que eran perros. Pronto me di cuenta de que no lo eran y comprobé con terror que estaba ante cuatro lobos. No tardaron ni cinco minutos en matar o dejar moribundas a no menos de 50 ovejas. El resto se desperdigó, corriendo despavoridas, porque las ovejas se vuelven locas ante el lobo, que despierta en ellas un pavor ancestral.

En pocos minutos me vi sin ninguna de las 250 ovejas que había puesto a mi cargo el pueblo. Lloré como nunca en mi vida. Me sentí un absoluto fracasado y me daba auténtico miedo regresar a casa. ¿Cómo iba a explicar yo a todo el pueblo lo ocurrido?

Emprendí el descenso poco a poco y, cuando ya divisaba las casas del pueblo, me acurruqué en un escobal. Estaba totalmente hundido. Como yo no aparecía con el rebaño, sobre las ocho de la tarde medio pueblo se puso en marcha para salir a buscarme. Cuando los vi aproximarse, me encaminé a su encuentro y les conté todo lo ocurrido. No recibí ni un reproche. Todos entendieron lo ocurrido y se solidarizaron conmigo.

Volvimos a casa, porque ya era casi de noche y no merecía la pena salir en busca de las ovejas supervivientes. Lo hicimos al día siguiente, cuando apenas amanecía. Todos los mozos del pueblo nos encaminamos hasta Las Llampizas, donde había ocurrido la masacre, y nos encontramos con una imagen realmente dantesca: decenas de ovejas muertas, algunas casi comidas, otras heridas… Las que lograron escapar no estaban por ninguna parte. En los días posteriores recuperamos aproximadamente la mitad. Las muertas se despellejaron para aprovechar la carne, lo que nos garantizó varios meses de cecina y varios días de guiso de oveja.

Muchos años después, yo ya era vicepresidente de Cantabria, coincidí con una bióloga conservacionista de los Picos de Europa. En Liébana es tradición subir cada cinco años desde Bejes hasta el pico San Carlos, a 3.400 metros, en el macizo de los Picos de Europa. Allí, en la misma cima, se celebra una misa, presidida por una gigantesca cruz, y a continuación se degusta una comida campestre con lo que cada uno lleva de casa.

Íbamos subiendo cuando nos encontramos con piedras pintadas por los ganaderos con una leyenda: «El hombre antes que el lobo». Era su forma de expresar el malestar por la protección de este cánido en el Parque Natural de los Picos de Europa.

Mientras comíamos, la bióloga explicaba su teoría sobre el lobo, que, según ella, solo mata para comer. Me puse como loco al escucharla. La universidad y los libros pueden decir lo que quieran, pero la experiencia de quienes se dedican al ganado, mi propia vivencia infantil, dicen otra cosa. Cuando el lobo sorprende a un rebaño, ya sean ovejas, cabras, becerros o hasta caballos, no come sin haber matado antes todo lo posible. Desconozco la razón científica, pero puedo asegurar que es así, porque lo he vivido.

80
años

Toda una vida

Miguel Ángel Revilla

Mis padres.

Mi primera foto.

En Polaciones, con mis padres, mis hermanos Tere y Jaime y nuestro perro Tom.

Con mis padres.

El día de mi primera comunión con mis hermanos,
Jaime y Tere, y los niños de Salceda.
Mi madre nos preparó chocolate.

Así era con 30 años.

Con mi hija mayor, Pili.

Uno de mis
primeros mítines,
en el Mercado
Nacional de
Ganados de
Torrelavega.

Con mi hija Jana.

Con Aurora.

Mis tres hijas: Pili, Jana y Lara.

Con mi padre cuando ya tenía 92 años.

Con Aurora y Lara.

En una de mis tomas de posesión como presidente de Cantabria.

Cuando cumplí 70 años.

Cuando cumplí 73 años recibiendo la felicitación de Lara.

Lara y yo.

Con mi nieto Bruno.

Una pareja feliz.

Con Emilio Botín en la casa en la que nací en Salceda.

Con José Luis Rodríguez Zapatero.

Saludando al padre Ángel, un gran referente social.

El día que botamos en Rota el buque Cantabria.

Con el presidente de México, Andrés Manuel López Obrador, ante la Puerta del Perdón del monasterio de Santo Toribio de Liébana.

Con Vicente del Bosque.

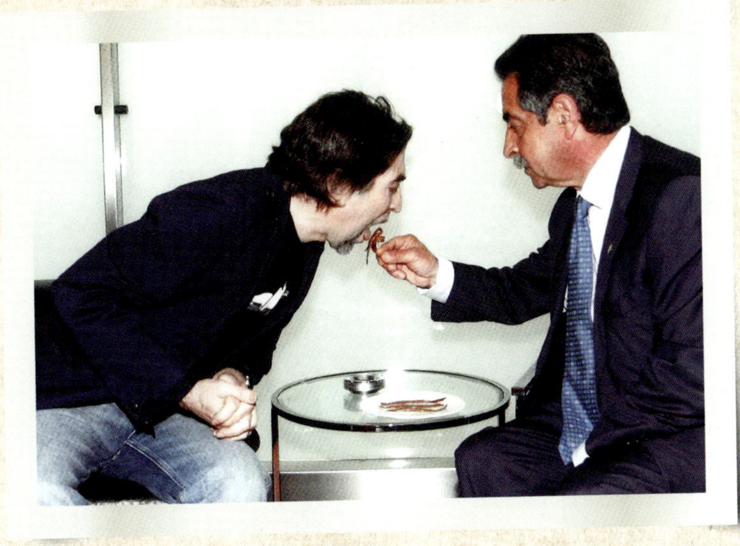

Con Joaquín Sabina.

Con Jorge
Lorenzo, campeón
de MotoGP.

Cantando con David Bustamante.

Con Fran Rivera.

Con Fernando Alonso.

El día que gané a Chicote cocinando en *La Sexta Noche*.

Con mi amigo Pasqual Maragall.

Con el gran Alberto
Contador el día
que ganó en Santo
Toribio (Camaleño).

Con el músico
Jean-Michel
Jarre.

Con mi amiga Susanna Griso.

Con mi amigo Pablo Motos.

Con mi editora, Ana Rosa Semprún.

De «espalda mojada»
a fenómeno mediático,
César Millán.

Con Bertín Osborne en Vega de Liébana.

Con un gigante y amigo, Pepé Mujica.

Con el gran
Paco Gento.

Con mi vecino
Iñigo Urkullu.

Con el Rey en La Magdalena, Santander.

Con Rafa, siempre en el recuerdo.

TEZUKA
poesía

Firmando libros.

Volando voy, con Jesús Calleja.

Con un genio, José Mota.

Con Rulo, un grande de la música.

Con el gran Silvio Rodríguez, premio Beato de Cantabria.

Dos grandes, José Ramón y Daniel Sánchez,
padre e hijo.

Aurora con Jeremy Corbyn.

Con Joaquín y Lucas en Torrelavega.

Dos amigos, Cipri e Iñaki.

Con estos tres más Pedro he tenido que luchar.

Con mi hermano el presidente del Principado de Asturias, Adrián Barbón, a punto de subir al Airbus oficial.

Con varios colegas en Santiago de Compostela.

Con el príncipe Alberto de Mónaco en las cuevas prehistóricas de Puente Viesgo.

Mi *hobby*, que ya no practico por falta de tiempo.

Una de mis aficiones, las traineras.

En Sejos, el día de la subida del ganado.

Mi peña mágica,
Peña Labra.

A punto de probar la marmita en Colindres.

De vez en cuando me encanta jugar una partida de tute con Ramón, Menocal y Tomás en Ogarrio (Ruesga).

Birlando a dúo con el más grande, Tete Rodríguez.

Cantando un villancico de Navidad.

En el río Sella.

En Los Machucos, con Perico Delgado y Óscar Freire, entre otros.

Con Atila.

Cogiendo setas, una de mis aficiones preferidas.

En la Feria de Valdáliga.

Mi pasión al fondo, Cantabria.

Conté mi experiencia y la ratificaron todos los ganaderos que estaban presentes. La bióloga se calló, creo que estaba abrumada. No sé si entendió el odio que las gentes de las zonas rurales sienten hacia el lobo, cuya presencia es sinónimo de ruina.

Quiero dejar muy claro que yo siempre he entendido y defendido la protección de esta especie; no estoy, ni mucho menos, a favor de su extinción. Pero del mismo modo defiendo que no puede protegerse al lobo a costa del ganado, ni del medio de vida de los ganaderos. Si tengo que elegir, yo estoy con las personas antes que con los lobos.

No sorprenderá a nadie por tanto que las palabras de la ministra me sacaran de inmediato de la burbuja en la que me habían sumergido sus halagos. Volvió a mi cabeza el empecinamiento que estaba demostrando su departamento, por presiones ecologistas, según ellos mismos reconocían, para incrementar la protección del lobo en todos los territorios, incluidos los del norte del Duero, donde —insisto— la población no ha hecho más que aumentar en los últimos años.

Escuchar a Teresa Ribera pedir mi apoyo a un plan que atenta directamente contra los intereses de los pueblos y de los ganaderos de Cantabria despertó de inmediato a aquel pastorcillo de Polaciones que siempre ha vivido dentro de mí. «Guillermo Blanco te puede parecer un radical, pero desde ahora te digo que es una monja clarisa si le comparas conmigo. De ninguna manera vamos a cambiar nuestra postura. Has venido al lugar más radical de España. Aquí no vas a encontrar apoyo para esa barbaridad que pretendéis hacer», le contesté.

Mis palabras no la desanimaron y trató de convencerme hablando de indemnizaciones. Me llegó a decir que Cantabria podía llegar a recibir en dinero tres veces el valor de las pérdidas provocadas por el lobo en la cabaña ganadera. «¡No entiendes nada! —le repliqué con rotundidad—. El que tiene una vaca buena muere por ella. Yo he visto incluso cómo las entierran. Reponer un rebaño no tiene precio. Tú no sabes nada de esto y vas a tener en mí al mayor enemigo que puedas imaginar».

Y por desgracia así ha sido. Unos meses después, en septiembre de 2021, el Ministerio para la Transición Ecológica y el Reto Demográfico publicó en el *Boletín Oficial del Estado* (BOE) la orden ministerial que incluye al lobo en el LESPRE. No sirvieron de nada las peticiones unánimes, ni las alegaciones de las comunidades autónomas afectadas.

Tal decisión ha supuesto que Cantabria no pueda seguir gestionando la especie como lo venía haciendo, a pesar de que con aquella gestión no solo habíamos conseguido conservar y mejorar la situación de la especie, sino también garantizar la paz social y los intereses de nuestros ganaderos. Además de pagarles indemnizaciones cuando no era posible evitar los daños del lobo en los rebaños, hacíamos controles de ejemplares para minimizar el conflicto allí donde era necesario.

Esos controles consistían en extraer puntualmente algún ejemplar para prevenir los ataques a las ganaderías y su presencia en los pueblos. Tales extracciones nada tienen que ver con la caza indiscriminada de lobos, dado que requerían autorización administrativa, y únicamente estaban facultados para llevarlas a cabo los agentes del medio natural. Era la mejor forma de conciliar la conservación de la especie, que en Cantabria ya estaba protegida sin necesidad de llegar a los extremos actuales, con los intereses de nuestros ganaderos y de los vecinos de las zonas rurales.

Cargados de razones y en defensa de nuestro Plan de Gestión del Lobo, el Gobierno de Cantabria presentó una demanda contra el Ministerio de Teresa Ribera en octubre de 2021. La demanda ha sido admitida a trámite por la Audiencia Nacional y el expediente se encuentra activo cuando escribo estas líneas.

Un mes después, nos reunimos en Santiago de Compostela los presidentes de ocho autonomías (Galicia, Cantabria, Asturias, Castilla y León, Castilla-La Mancha, Aragón, La Rioja y Extremadura), convocados por el entonces presidente de la Xunta, Alberto Núñez Feijóo. El propósito de la reunión era promover una declaración conjunta en defensa de una financiación autonómica que tenga en cuenta el coste de los servicios, frente a aquellos que defienden un reparto según la población. Pero me las ingenié para incluir el conflicto del lobo en el orden del día, e incluso en una adenda a la declaración final, respaldada por seis de las ocho comunidades participantes.

Siempre agradeceré el apoyo de mis colegas los presidentes de Castilla-La Mancha, Emiliano García-Page, y Aragón, Javier Lambán, que después de escuchar mi argumentación modificaron la postura que habían mantenido hasta entonces y se sumaron a la nuestra para pedir una rectificación al Ministerio. Un gesto que les honra. No puedo decir lo mismo de sus compañeros socialistas, los presidentes de Extremadura y La Rioja, Guillermo Fernández Vara y Concha Andreu, que sin tener lobos en sus territorios pretenden imponer la gestión que debemos aplicar los que sí los tenemos y los sufrimos, supongo que por disciplina de partido y para defender a su correligionaria, la ministra Ribera.

A día de hoy seguimos en pleno litigio con el Ministerio de Transición Ecológica. Esperamos que la Justicia entienda lo que algunos políticos no quieren aceptar y nos permita volver al sistema de gestión y convivencia ejemplar que teníamos antes de que las presiones ecologistas entraran en juego. Pues los cántabros siempre hemos defendido al lobo como la especie maravillosa que es y lo protegemos adecuadamente, aunque no a cualquier precio ni de cualquier manera.

De ahí nuestro enfrentamiento con Teresa Ribera, una ministra reprobada por el Parlamento de Cantabria, con mi voto a favor, por crear un problema donde no lo había y poner a todo el sector ganadero y a la población de las zonas rurales de Cantabria en pie de guerra.

Es lamentable que una señora que no tiene ni idea de la realidad de territorios como el nuestro haya llegado al extremo de imponer una medida con la que sacrifica a un sector tan esencial como el ganadero. Qué contradicción tan enorme proclamar la protección de los núcleos rurales y la lucha contra el despoblamiento, que pidan a la gente que no se vaya de los pueblos y al mismo tiempo adopten medidas que atentan de lleno contra su principal medio de subsistencia, que en Cantabria es la ganadería.

En mi valle de Polaciones hay 190 personas que viven de dos bares y de 500 vacas y terneros, ovejas y cabras. En el momento en el que esos rebaños desaparezcan se verán privados de uno de sus principales medios de subsistencia. ¡Es una pura contradicción!

El discurso de nuestros gobernantes no tiene nada que ver con sus acciones. Si en lugar de apostar por el equilibrio que asegura la convivencia entre el hombre y el lobo eligen al lobo, no hay nada que hacer.

32. El escrache más humillante

Abril de 2021 fue un mes muy especial para mí, pero especial por lo negativo. Durante aquellos días viví momentos de enorme tensión, perseguido por un grupo reducido pero agresivo de personas que acudían a todos los actos públicos en los que estaba prevista mi presencia para increparme.

La causa hay que buscarla en las duras medidas de restricción aplicadas a la hostelería por las autoridades sanitarias de Cantabria, y sobre todo en el cierre del interior de restaurantes y locales de ocio nocturno. Esas limitaciones habían soliviantado al sector y algunos optaron por descargar su ira contra mi persona, llevando sus protestas incluso hasta la puerta de mi domicilio en El Astillero.

Lo más grave ocurrió el 6 de mayo. Era jueves. En aquel momento, la Consejería de Sanidad autorizaba las comidas en terrazas, con la prohibición expresa de fumar en ellas, mientras los interiores de los restaurantes permanecían cerrados. Ante aquella situación, los hosteleros cántabros tiraron de ingenio y habilitaron terrazas allí donde era posible. Muchas veces en la vía pública, con la autorización de los ayuntamientos, y en ocasiones bordeando el cumplimiento de la normativa que regula este tipo de espacios.

Una de esas «pseudoterrazas» está en el restaurante La Capitana, en la calle Castelar, de Santander, a menos de 200 metros de la sede del Gobierno de Cantabria, donde tengo mi despacho. Es un restaurante en el que se come bien y al que había acudido en varias ocasiones desde que comenzó la pandemia. Siempre me dieron mesa en el mismo espacio, abierto y bien ventilado, y nunca tuve ningún problema, por lo que daba por hecho que cumplía todos los requisitos legales para ser considerado terraza.

En los días previos a esa fatídica fecha del 6 de mayo había recibido la llamada de dos empresarios importantísimos de la capital de España que estaban llevando a cabo una gran inversión en Santander. Querían mantener un encuentro conmigo para presentarme nuevos proyectos que tienen en marcha en la región y, dado que su avión aterrizaba en Cantabria a las 13:00 horas, me invitaron a una comida. Les dije que sí y ellos eligieron que la cita fuera a las 14:30 horas en el restaurante ya citado, La Capitana.

A estas alturas no creo que haya nadie en España que no sepa de mi vida y milagros, porque yo mismo me he encargado de que se conozca todo. El público sabe de mis operaciones de riñón, de mis *hobbies* y también de mis vicios. Soy consciente de que no es bueno para mí, y tampoco un buen ejemplo, pero soy un vicioso de los puros y nunca lo he ocultado. Jamás he fumado cigarrillos, pero puros, muchos. Empecé con 23 años, después de haber conocido siempre a mi padre con un Farias en la boca. Estoy convencido de que el tabaco es nocivo, pero mi padre fue fumador y murió con 94 años.

Hace ya tiempo que fumar puros se ha convertido en un grave problema para mí, habida cuenta de la prohibición de hacerlo en lugares cerrados, a la que se sumó durante muchos meses tras el inicio de la pandemia la limitación en espacios públicos. A diferencia de los cigarrillos, para fumar un puro es necesario al menos una hora y, dado su precio, yo suelo aprovechar hasta la última calada. Cuando estoy fumando y llego con el puro a medias a un acto público o a un espacio donde no es posible fumar, ¿qué hago? Pues a veces espero a que se apague y lo guardo en la chaqueta para volver a encenderlo cuando pueda. El problema es que deja un olor intenso en la ropa y, en el peor de los casos, que también me ha ocurrido en más de una ocasión, si no está bien apagado, acaba originando algún agujero, con la consiguiente bronca en casa.

Ya relaté en un libro anterior el episodio del puro que dejaba todos los días de pleno en la repisa de la ventana del patio exterior del Parlamento de Cantabria y que de pronto un día comenzó a desaparecer. Después de que ocurriera en varias ocasiones tuvo lugar una investigación y, para asombro general, descubrimos que la persona que todos los lunes convertía mi puro en fosfatina no era otro que el entonces líder de la oposición y más tarde presidente de Cantabria, Ignacio Diego.

Pues bien, volviendo al 6 de mayo de 2021, salí de mi despacho a las dos de la tarde y me fui dando un paseo por la calle Juan de la Cosa, disfrutando del buen día que hacía y de mi puro. A la hora convenida llegué al restaurante donde me esperaban los empresarios. Esperé en la calle a que el cigarro se apagara y accedí a la terraza para sentarme a la mesa con los comensales. En aquel momento deposité el puro apagado sobre un plato para volver a fumarlo al término de la comida.

El almuerzo discurrió con normalidad, abordando planes de inversión para Cantabria y fijando la fecha de inauguración de uno de ellos, en el que la empresa promotora había realizado una inversión de 25 millones de euros. Serían alrededor de las cuatro de la tarde cuando irrumpieron en el restaurante siete jóvenes fornidos, al parecer propietarios de negocios de ocio nocturno. Con los móviles en la mano, procedieron a grabarme, al tiempo que me dedicaban graves insultos y me acusaban de estar comiendo en un local cerrado y fumando. Toda España tuvo la oportunidad de ver los vídeos que difundieron a través de WhatsApp y que pronto se hicieron virales. No hubo programa de televisión que no los emitiera.

Las dos personas con las que estaba comiendo, ambas muy conocidas, se esfumaron como por arte de magia. Y allí me encontré solo ante el peligro frente a aquellos que me metían sus bocas en los oídos para decirme de todo. Soy persona curtida en múltiples batallas, pero tengo que confesar que llegué a sufrir instantes de pánico. Imaginad a un hombre de 78 años frente a un grupo de jóvenes corpulentos y enfurecidos, uno de ellos hijo de un ex alto dirigente del Partido Popular a nivel nacional. En aquel momento de confusión llegué a decir que el puro que descansaba sobre la mesa no era mío.

La oposición vio la oportunidad de acabar políticamente conmigo. Me sometieron a preguntas e interpelaciones en el Parlamento. La Asociación de Hosteleros de Cantabria pidió mi dimisión, con dos acusaciones en mi contra: comer en un lugar que no podía considerarse terraza y fumar en él. Pero yo no me sentí culpable en ningún momento, salvo de la «mentira» en que incurrí por la tensión y la presión del momento al negar que el puro fuera mío.

Jamás se me hubiera ocurrido acudir a una comida y sentarme a sabiendas, delante de todo el mundo, en un lugar que careciera de autorización como terraza. Un lugar que fue frecuentado a diario durante toda la pandemia por todo tipo de comensales, sin tener nunca el más mínimo problema.

Hay que tener en cuenta, además, que el restaurante donde comí aquel fatídico día de mayo lo reservaron quienes me invitaron al almuerzo. Y que cuando me senté a la mesa, no se me pasó por la cabeza preguntar a la propietaria si tenía la licencia de terraza. Siempre había visto a mucha gente comiendo allí.

Tampoco fumé en el interior. Lo que quedaba del puro estaba reservado para terminarlo al acabar la comida, camino de mi despacho. Al final no pude hacerlo, porque la irrupción de aquellos manifestantes me forzó a levantarme de la mesa y a abandonar los restos del puro, que luego presentaron gráficamente como la prueba del delito.

Dada mi popularidad, soy consciente de que cualquier cosa que diga o haga es analizada con lupa y se convierte de inmediato en noticia. Es un tributo que acepto. Nunca he tenido guardaespaldas y me desplazo a diario desde mi casa en Astillero a mi despacho en Santander en mi coche particular. Todo el mundo conoce mis hábitos y mis rutinas. Sin embargo, en aquellos días, ante la proliferación de los grupos de manifestantes que me seguían de acto en acto, me vi obligado a solicitar, por primera vez en mi vida, presencia de los cuerpos de seguridad del Estado, ya no por mi integridad, sino para poder llevar a cabo mi actividad con normalidad y respeto a las personas que participaban en aquellos actos.

Afortunadamente, aquella angustiosa situación fue pasando a medida que Sanidad fue flexibilizando las restricciones a la hostelería por la buena evolución de los datos sanitarios, fruto de la masiva vacunación de la gente. Gracias a ello pude volver a vivir en una situación de normalidad.

Llevo más de media vida en política. Soy diputado regional desde 1983, de manera ininterrumpida. He participado en el Gobierno de Cantabria desde 1995. En tantos años he soportado protestas y manifestaciones puntuales de todo tipo de colectivos. Siempre he actuado buscando el interés general, pero cuando se adopta una decisión política es inevitable que surjan intereses particulares que se sienten perjudicados. Es algo normal cuando se ejercen cargos de responsabilidad.

Sin embargo, lo que me ocurrió a mí en la primavera de 2021 fue muy distinto. Es sabido que me encanta caminar solo por la calle, parar en cualquier bar a tomar un café, salir a comer los domingos con la familia por los pueblos de Cantabria, pararme a hablar con la gente, hacerme fotos... Pero, súbitamente, y por unos días, mi vida cambió. Pasé de aclamado a insultado y la sensación fue terrible. Porque me culpaban de algo que escapaba totalmente a mi control.

A mi edad, uno ya está más o menos preparado para afrontar lo previsible, pero la pandemia de la Covid-19 no solo fue muy letal, sino que nos enfrentó a una realidad nueva hasta entonces desconocida. Y era prácticamente imposible hacer entender a la gente que en aquellos momentos de crisis sanitaria la competencia exclusiva para adoptar las medidas necesarias correspondía a las autoridades sanitarias, como es lógico. Yo no fui quien decidió las limitaciones, ni los aforos, ni el cierre o la apertura de bares y restaurantes.

Pero comprendo bien la desesperación que tales medidas produjo en las familias que vieron afectados sus medios de supervivencia y que se sentían realmente desesperadas. Era lógico que exteriorizaran su preocupación y volcaran su ira contra alguien. Y no lo es menos que ese alguien fuera el presidente, un presidente que contaba, además, con una notoriedad pública que garantizaba la repercusión mediática de las protestas.

33. Martes y trece

Y por fin me rozó la bala. El martes 13 de abril de 2021 fue un día para no olvidar. No soy supersticioso, ni creo en fechas gafes, entre otras cosas porque un martes 13 nació mi querida hija Lara.

El de abril de 2021 era un día muy esperado por mí. El Centro de Salud Astillero, situado a 50 metros del piso donde vivo, me había citado para vacunarme, tal como me correspondía siguiendo el riguroso turno de edad, a los 78 años. La cita era a las 12 de la mañana.

En los días previos, había anunciado el acontecimiento para que los medios de comunicación dieran difusión al instante. En aquel momento estaba siendo cuestionada una de las vacunas por originar algunos efectos secundarios de cierta gravedad. Era, en concreto, la producida por el laboratorio AstraZeneca y el temor a esos efectos adversos había llevado al 40 % de los convocados para inyectársela a no presentarse a la cita. Para mí resultaba incomprensible que las noticias que con más o menos rigor difundían algunos programas de televisión pusieran en tela de juicio una vacuna autorizada por los máximos organismos mundiales responsables de validar estos productos.

Ante esa situación, yo pedí al Servicio Cántabro de Salud que me administrara AstraZeneca, con el ánimo de influir en los ciudadanos y animarlos a vacunarse sin temor. Mi deseo no fue posible y los responsables sanitarios de Cantabria me comunicaron que debían seguir el protocolo establecido, según el cual la vacuna que me correspondía era la de Pfizer.

Al saberse la fecha exacta en que yo acudiría a vacunarme, un grupo de hosteleros afectados por las restricciones sanitarias impuestas, que obligaban al cierre de los interiores de los establecimientos ante la evidencia de que quitarse la mascarilla en espacios cerrados y con poca ventilación provocaba un incremento inmediato de los contagios, convocaron un escrache contra mi persona.

Yo no era del todo consciente de lo que me esperaba cuando acudí al centro de salud a la hora en la que estaba citado. Como siempre, llegué en mi coche particular y aparqué delante de mi domicilio, a apenas 50 metros del consultorio. Me aproximé caminando y me encontré con un montón de cámaras de televisión, fotógrafos y periodistas. Creo que nunca antes había tenido a tantos informadores pendientes de mí. Todos querían plasmar mi brazo en el momento del pinchazo, al tener el «honor» de ser el primer presidente autonómico vacunado por méritos de guerra, es decir, por ser el más viejo.

Junto al despliegue de los medios de comunicación había exactamente 16 personas, pocas pero muy activas, que me recibieron con pancartas y gritos de hostilidad. La frase que más coreaban era «Ayuso sí, Revilla no».

Con tranquilidad y oficio, después de tantos años soportando puntualmente situaciones parecidas, ya que en las tareas de gobierno siempre tienes que adoptar decisiones que no resultan del agrado de todos, me fui haciendo hueco hacia el interior de las dependencias sanitarias, no sin cierta dificultad. Esperé la cola correspondiente, por no más de 10 minutos, y por fin me pusieron la primera dosis de la vacuna de Pfizer.

A la salida, todos los medios de comunicación estaban colocados en una especie de plataforma para asistir a las declaraciones que yo pudiera realizar sobre la experiencia y contestar a sus preguntas. Fue imposible. A pesar de solicitar a los manifestantes unos minutos de silencio en atención a tantos periodistas concentrados allí y llegados de toda España para cubrir el acto, no hubo manera de acallar su protesta. Me ofrecí a mantener una reunión para escuchar sus planteamientos, pero no conseguí ni un minuto de silencio, por lo que hubo que suspender mi intervención. El objetivo de los pocos pero airados manifestantes era cargarse el acto, y lo consiguieron.

Lentamente me encaminé entonces a mi coche, «arropado» por el grupo que protestaba y que arremetía contra mí con insultos y alabanzas hacia la presidenta de la Comunidad de Madrid.

A pesar del incidente, llegué a mi despacho muy contento, valorando que al fin se había puesto la primera piedra de mi inmunización contra la Covid. Se cumplía en esos días un año largo durante el cual había participado en cantidad de actos, viajes, reuniones y visitas por toda Cantabria y otros enclaves de España y los había superado sin contagiarme.

No sabía todavía que nunca iba a olvidar ese martes y trece de 2021, y no solo por la experiencia de haber recibido la primera vacuna contra el virus más letal conocido en España en mis 78 años de existencia.

Eran las cinco de la tarde cuando recibí en mi Nokia un mensaje del Servicio Cántabro de Salud. Me puse en contacto con el teléfono indicado y me quedé helado. La persona al otro lado de la línea era una rastreadora del Servicio Cántabro de Salud que me formuló varias preguntas. «¿Estuvo usted el viernes pasado en Treto, en una reunión con el comité de empresa de SEG Automotive?». «Sí», le contesté. Ese viernes por la tarde se había requerido mi presencia para mediar en un conflicto laboral que mantenía la factoría en huelga desde hacía varios días.

Me preguntó a continuación cuánto tiempo había estado en la reunión y si había permanecido o no con mascarilla en todo momento. También se interesó por el tipo de mascarilla, si el local tenía ventilación, la distancia que mantuvimos entre nosotros los asistentes…

La rastreadora me comunicó entonces que en esa reunión habíamos estado 28 personas, que se había celebrado en un espacio reducido y con escasa ventilación y que yo había permanecido allí durante 42 minutos. Dos de las personas que habían estado presentes habían sido detectadas como positivos de Covid, por lo que me instó a permanecer atento al mensaje que recibiría en mi móvil.

Me quedé perplejo y empecé a preguntarme si ese martes y trece que había comenzado vacunándome terminaría conmigo contagiado, después de haber aguantado todo un año sin ninguna incidencia. A las seis de la tarde recibí el mensaje con la que sería mi hoja de ruta.

Primera medida: confinamiento en casa durante 10 días. A las 10 de la mañana del día siguiente debía hacerme la primera PCR y el día decimoquinto desde la reunión, la siguiente. En el caso de que las dos pruebas resultaran negativas, quedaría liberado del confinamiento en el momento en que se cumplieran 10 días, contados desde el fatídico viernes en el que se originaron los contagios durante la reunión en la factoría de Treto.

Confieso que me quedé atónito y muy preocupado. En mis 78 años de vida, salvo las tres operaciones de riñón, que siempre acomodé en fechas de vacaciones, jamás he faltado a mi puesto de trabajo a las ocho de la mañana. Empecé a preguntarme cómo iba yo a soportar 10 días encerrado en mi piso de Astillero, confinado en 100 metros cuadrados y sin balcón. Jamás me había visto en una situación parecida.

Cuando comenzó la pandemia en marzo de 2020 y nos confinaron a todos, yo no alteré sustancialmente mis hábitos de vida. A las ocho de la mañana llegaba como siempre en mi coche al despacho en la calle Peña Herbosa, después de circular por carreteras vacías de coches y calles desiertas, salvo esporádicos viandantes paseando a sus perros. Una vez en el Gobierno, recibía el parte de guerra sanitario.

No teníamos entonces nada preparado para contraatacar a un virus desconocido. Mascarillas, hidrogeles, guantes y materiales de protección, camas de hospital... eran las necesidades que reclamaban los hospitales, los centros de salud, las residencias de mayores, etc., mientras no cesaban de aumentar los contagios.

Acompañado por el consejero de Sanidad, en aquellos días procuraba visitar los lugares con mayores necesidades para tratar de dar ánimos, mientras buscábamos con todos los medios a nuestro alcance los recursos necesarios para paliar la situación.

Un año largo después tuve que planificar mi actividad para soportar el confinamiento, cambiando radicalmente mis hábitos.

El reloj biológico hace que me despierte a diario a las siete de la mañana. Normalmente, a las 11 de la noche ya estoy en la cama. Mi primera decisión fue cambiar radicalmente esta rutina de toda mi vida. Me acostaba a las nueve y ponía el despertador a las cuatro de la mañana para hacer ejercicio. Me dedicaba a recorrer el pasillo de 12 metros que tiene mi casa cientos de veces, hasta completar unos 10 kilómetros de recorrido. No quería perder la costumbre que me impuse cuando comenzó el confinamiento en marzo de 2020, aprovechando el balcón de mi despacho, que casi da la vuelta al edificio. Durante aquellos días nunca dejaba de recorrerlo hasta completar un mínimo de cinco kilómetros.

La noche me parecía mucho más soportable al no divisar, ni escuchar, actividad humana en el exterior. A las ocho de la mañana volvía a la cama y dormía hasta las 11, que es cuando me levantaba y conectaba con el Gobierno, recibía el correo y contestaba todos los mensajes pendientes. Por las tardes atendía llamadas de medios de comunicación y amigos.

Superé todas las PCR que me hicieron y, cumplidos los 10 días de confinamiento, volví a la libertad. Al final, no fue tan duro como me imaginaba.

SUEÑOS Y REALIDADES

34. La pesadilla

Yo soy una persona que sueña mucho, prácticamente todas las noches, y algunos de mis sueños, lejos de ser agradables, resultan auténticas pesadillas. Durante la durísima etapa de más de 50 años en la que la organización terrorista ETA sembraba el terror por todo el país sufrí algunas de las peores.

Buena parte de aquel tiempo plagado de atentados y muertes lo viví como presidente de Cantabria. Por decisión personal yo nunca he tenido escoltas, pero hubo momentos en los que me vi obligado a tomar precauciones rutinarias, sobre todo a partir de la liberación del funcionario de prisiones José Antonio Ortega Lara, tras más de 500 días de secuestro. En aquellas jornadas, cuando celebrábamos el éxito de la operación policial que permitió a Ortega Lara recuperar la libertad, yo fui citado en la Comandancia de la Guardia Civil de Santander. El motivo: en el zulo donde permaneció secuestrado el funcionario de prisiones se encontraron reseñas de mis hábitos que me convertían en un posible objetivo de la banda.

Ante esa situación me propusieron, casi me exigieron, disponer una vigilancia constante sobre mi persona. Me negué rotundamente, por lo que me ofrecieron como alternativa una serie de recomendaciones y me facilitaron algunos medios que sí acepté: una pistola, con su correspondiente licencia, y un aparato para comprobar y descartar la presencia de explosivos en los bajos del coche. También me indicaron una serie de rutinas que debía cambiar en mi vida.

Con aquella pistola en mi poder, me vi inmerso en un incidente que bien pudo acabar en tragedia, como relaté en mi primer libro, *Nadie es más que nadie,* en el capítulo titulado «Con la "pipa" al cinto».

En medio de la tensión que vivíamos en aquellos días quienes nos mojábamos en contra de ETA y del terrorismo, tuve una de esas pesadillas terribles que a veces me sobresaltan. Me vi a mí mismo secuestrado en un tenebroso agujero y con mi libertad condicionada a la liberación de una serie de detenidos de la organización etarra. Como casi todas las que tengo, la pesadilla terminó con un brusco despertar y yo empapado en sudor.

Pasadas las horas, suelo recordar esos malos sueños con total nitidez. Afortunadamente para mí, son bastantes menos que otros sueños más placenteros, como aquel en el que me vi a mí mismo viajando a Madrid desde Santander en un tren de alta velocidad.

Me sirve este preámbulo para relatar la última de mis pesadillas, aunque antes, algunas consideraciones previas. Cuando escribo estas líneas han transcurrido dos años y medio desde el inicio de la pandemia que tanto ha condicionado nuestras vidas, en marzo de 2020. Por mi posición de presidente de una comunidad autónoma he vivido todo este tiempo con muchísima intensidad. Día tras día, desde el momento de levantarme por la mañana hasta volver a la cama por la noche, he tenido que lidiar con un auténtico parte de guerra que sumaba cada vez más infectados, ingresados en cama y en UCI, y muertos.

Sufrí por la falta de medios y de material de todo tipo en los primeros momentos, cuando era realmente difícil todo intento de combatir la plaga. Qué decir de los confinamientos, los cierres perimetrales, los toques de queda, las limitaciones de los derechos y las libertades fundamentales de los ciudadanos, las sentencias judiciales contradictorias... Por no hablar de las sucesivas olas de contagios: una, dos, tres, cuatro, cinco... En resumidas cuentas, un auténtico sinvivir.

Durante aquellos larguísimos meses nos vimos sometidos a un constante bombardeo televisivo. Los programas no hablaban de otra cosa y abrían sus micrófonos a todo tipo de «expertos» para que nos ilustraran con sus opiniones a todas horas. También tuvimos la ocasión de escuchar a personajes más o menos conocidos difundiendo curiosas y variadas teorías conspiratorias y negacionistas. Entre todos lograron crearnos un auténtico cóctel explosivo en la cabeza.

Sobre el origen de la Covid-19 y sus variantes yo he aceptado siempre la opinión de los expertos. No soy negacionista y me someto disciplinadamente a la normativa oficial: acepto las vacunas, me he puesto y me pondré todas aquellas que me recomienden, no me quito la mascarilla ni en el baño, procuro mantener las distancias, me lavo las manos y llevo geles hidroalcohólicos hasta en el traje. Es decir, soy un obediente y sufrido paciente.

Pero también es cierto que siempre he defendido la teoría de que el mundo está manejado por unas pocas personas, con un poder superior al de los poderes políticos. En mi libro *La jungla de los listos* desarrollo ampliamente esta idea.

Y hay hechos que a mi entender me dan la razón. En el verano de 2021 vimos cómo el precio del barril de petróleo se disparaba a cotas hasta entonces desconocidas en contra de toda lógica, dado que hablamos de una fuente de energía que en el plazo de 10 años estará prácticamente prohibida y sustituida por otra no contaminante. Teniendo en cuenta estas condiciones y sabiendo que las reservas eran ingentes en ese momento, el precio no debería haber superado los 20 dólares por barril. ¿Por qué estaba a 70?

La respuesta la tiene un grupo de países agrupados en una organización llamada OPEP (Organización de Países Exportadores de Petróleo), que se sientan a una mesa y deciden el precio que mejor les conviene, al margen de las normas y los criterios que rigen el libre mercado. Esta organización se ha convertido en todo un monopolio.

Esta convicción firmemente arraigada en mí, sumada a tantas teorías conspiratorias que hemos escuchado sobre el origen de la Covid, influyó con toda seguridad en la pesadilla más terrible que he tenido jamás, una noche de abril de 2021. A la mañana siguiente le conté ese sueño tan tortuoso a mi hija Lara y fue ella quien me animó a relatar la experiencia que ha acabado convertida en capítulo de este libro. Ya he dicho que suelo recordar con total nitidez los detalles de mis sueños, que ahora voy a narrar un tanto adornados, de manera novelesca, pero conservando fielmente el fondo del asunto.

> Todo empezó en una inmensa isla privada en algún lugar del mundo, que bien pudiera haber sido el océano Pacífico. Había una enorme y lujosísima mansión, dotada con un pequeño puerto, donde atracaban costosos yates, y un amplio aeropuerto. Una soleada mañana del año 2019 fueron aterrizando en él, en intervalos sincronizados de alrededor de una hora, siete jets privados. De cada uno de ellos descendía un individuo acompañado por otras dos personas que portaban voluminosas carteras. En total, llegaron a la isla 21 personas.

La siguiente imagen que perdura en mi memoria nos lleva a una enorme sala ovalada, donde los siete líderes aparecen sentados a una gran mesa, separados entre sí no menos de seis metros. Detrás de cada uno de ellos, otros dos individuos que les acompañaban despliegan abundante documentación sobre mesas más pequeñas, en las que se acumulan múltiples aparatos tecnológicos.

Lo primero que me llamó la atención fue que entre esas 21 personas presentes no había ninguna mujer. A lo largo de la maratoniana reunión que mantuvieron, accedieron de forma esporádica a la sala otras tres o cuatro personas para reponer bebidas y alimentos. Todos ellos eran varones. Desconozco la razón por la que no había ninguna mujer en aquel cónclave.

Una vez acomodados todos, uno de los individuos, un hombre de alrededor de 60 años, enjuto, espigado y con ademanes de ser el jefe del clan, se levantó para tomar la palabra. Saludó por el nombre a cada uno de los presentes y mandó encender una enorme pantalla, en la que enseguida aparecieron datos y gráficos.

Empezó recordando a todos lo confidencial del encuentro, que estaba protegido por los más sofisticados sistemas de cifrado para prevenir cualquier posible intento de jaqueo, y destacando la importancia de aquella reunión. Según sus palabras, era la más trascendente que aquella gente había celebrado nunca. En aquel momento evocó todos los hitos históricos logrados por la organización desde que fuera fundada en el siglo XVIII, con cargos hereditarios y relevos decididos siempre por unanimidad. Este sistema había preservado a lo largo del tiempo su actividad como organismo autónomo y con un procedimiento de actuación al margen de las coyunturas políticas.

A lo largo de la reunión solo tomaron la palabra dos personas, el ya aludido y en apariencia jefe, al que me referiré como Míster X, y otro personaje orondo y de más edad, que sólo hacía preguntas. Le llamaré Míster D.

Apoyándose en los datos y gráficos reflejados en la pantalla, Míster X recordó el control absoluto que los allí presentes ejercían de manera mancomunada sobre los distintos sectores de la economía. Ese control alcanzaba el 55 % de la producción mundial de petróleo, gas y carbón, el 42 % del negocio armamentístico, el 40 % de las farmacéuticas, el 38 % de la banca, el 36 % de las materias primas alimentarias, el 15 % de las energías renovables y otras participaciones significativas en negocios de ocio, construcción e incluso drogas y juego.

«Esta reunión y los acuerdos que vamos a adoptar en ella van a marcar un antes y un después en la evolución de nuestros negocios y nos va a permitir el control casi absoluto del planeta», aseguró Míster X antes de describir el panorama sombrío que se cernía sobre algunos de los negocios que mayores ganancias habían aportado a la organización en el último siglo.

»Desde el siglo XVIII hemos tenido la clarividencia de entender que la energía iba a ser el motor transformador del mundo. Nos hemos posicionado de manera casi hegemónica para controlar los elementos básicos en la producción energética: primero el carbón, después el acero y luego el petróleo y el gas. Durante décadas hemos resistido frente a la opinión científica y ciudadana. Hemos rebatido los datos cada vez más irrefutables sobre lo irreversible del cambio climático mientras persista el uso de los productos que han sido hasta ahora la base energética mundial y que contribuyen claramente al calentamiento global del planeta, por su alta emisión de CO_2 a la atmósfera. Pero no podemos seguir siendo egoístas. Sería estúpido continuar trabajando contra nosotros mismos y nuestros descendientes. Por más que podamos aguantar un par de décadas obteniendo beneficios, el final del gran negocio energético que hoy manejamos está cantado, y si hay algo que nos distingue a los que estamos aquí reunidos es la capacidad para prevenir los acontecimientos que ponen en riesgo nuestros negocios».

Ignorando las miradas de extrañeza que se producían a su alrededor, Míster X continuó:

«Desde el día de hoy hemos de tener claro que el primer y fundamental negocio que nos ha enriquecido sin límites tiene los días contados. Debemos prepararnos y buscar otros nichos de mercado para paliar las pérdidas que, más pronto que tarde, van a lastrar al sector energético tradicional. Aunque ya estamos posicionados en el sector de las energías renovables, aún tardaremos en obtener beneficios, por lo que hay que explorar otras iniciativas.

»Si repasamos nuestra cartera de inversiones, el segundo mercado en el que mayores inversiones concentramos es el de las armas, donde somos hegemónicos. Controlamos el 42 % de las empresas que fabrican artilugios bélicos y, después de dos guerras mundiales e innumerables conflictos locales, hemos obtenido beneficios ingentes. Pero es prácticamente imposible potenciar guerras globales cuando ya son más de 10 los países que poseen la bomba atómica. Corremos el riesgo de desencadenar conflictos generalizados que acabarían con la práctica destrucción del planeta. Obviamente, vamos a seguir ganando dinero con las empresas armamentísticas, pero en mucha menor cuantía que hasta ahora, porque tenemos un volumen de *stock* insoportable y este negocio depende de que haya guerras. A diferencia de los coches, que requieren reposición cada 10 o 15 años, los electrodomésticos, los móviles o los muebles; las bombas, los misiles, los bombarderos y los tanques no necesitan ser repuestos si no se utilizan. Y su uso requiere de guerras a gran escala que cada día son más imposibles. Creo que estoy siendo bastante claro.

»Nuestro tercer gran negocio es la banca —prosiguió Míster X dirigiendo el puntero que sostenía en la mano derecha al gráfico que aparecía en pantalla—. Controlamos el 38 % de la banca mundial, pero no se avecinan buenos tiempos para este sector. Cada día aparecen nuevas fórmulas de pago y endeudamiento al margen del negocio tradicional en el que nosotros estamos posicionados. Los márgenes comerciales son cada vez menores. La masa monetaria que hace un tiempo estaba prácticamente en nuestras manos se encuentra hoy muy diversificada, por lo que seguiremos haciendo negocio, pero a una escala mucho menor que hasta ahora. La guerra económica entre Estados Unidos y China va camino de agudizarse y esa tampoco es una buena noticia para nosotros.

»Hay otros sectores que nos van bien. Controlamos el 15 % de la producción mundial de materias primas alimentarias y el 45 % de la industria farmacéutica. De hecho, es en estos dos sectores donde vamos camino de obtener los mayores beneficios».

En este punto y después de extenderse en la importancia de la alimentación para la humanidad, Míster X se centró en la sanidad:

«Nadie quiere morirse; al contrario, la gran obsesión del hombre contemporáneo es prolongar su vida lo máximo posible. Aquí no hay diferencias entre clases sociales, todos pensamos lo mismo, los siete que estamos reunidos a esta mesa, con una fortuna superior al producto interior bruto de Estados Unidos, y los que viajan en pateras por el Mediterráneo.

»Perdonadme esta extensa introducción, pero era necesaria para llegar a la propuesta que quiero haceros y que supone la decisión más trascendente que hayamos tomado nunca en la historia de nuestra organización desde su fundación en el siglo XVIII.

»Ninguno de los que estamos aquí somos personas con escrúpulos. Todo lo contrario, no habríamos llegado a donde estamos si los tuviéramos. A nosotros solo nos mueve el interés personal. Nunca nos hemos regido por principios morales ni consideraciones similares».

Una sonrisa cínica se dibujó en la cara de los seis oyentes, que asentían con la cabeza mientras escuchaban estas palabras.

«Vamos a alterar el orden mundial de manera absoluta para las generaciones futuras. Esta reunión va a marcar un antes y un después en la historia de la humanidad, porque mi propuesta culmina la carga que depositasteis sobre mis hombros hace 10 años, cuando me nombrasteis responsable de las estrategias de la organización. Me he dedicado a ello en cuerpo y alma, rodeándome siempre de los mejores, gracias a las cuantiosas sumas de dinero que habéis puesto a mi disposición.

»Hoy quiero proponeros un gran salto hacia delante, que pasa por que pongamos en circulación un virus de propagación mundial rapidísima. Un virus susceptible de contaminar a los casi 8.000 millones de seres humanos que habitan el planeta. Ese virus está listo para ser lanzado en el mismo instante en que este plenario dé su aprobación».

Míster X se dirigió en ese momento a un personaje de pequeña estatura que hasta ese instante había permanecido sentado en una de las mesas adyacentes. No tendría más de 40 años. Le presentó como el cerebro que había diseñado el virus en un laboratorio y le cedió la palabra para que fuera él mismo quien se encargara de explicar a la audiencia los detalles de su creación. Lo hizo con terminología muy técnica.

El científico detalló sucintamente cómo había partido de un virus conocido, llamado HSN1, causante de la llamada gripe aviar.

«Mi gran proeza ha sido conseguir la mutación para que el bacilo pase de las gallinas a los mamíferos, con una altísima transmisibilidad a través del aire entre los seres humanos.

»Tenemos noticias de la existencia de un laboratorio en la ciudad china de Wuhan que trabaja en el análisis de distintas bacterias, donde se han producido bastantes irregularidades. Ese laboratorio se completó en 2015, en colaboración con especialistas franceses de Lyon, y fue el primero de nivel de bioseguridad que se construyó en China. Científicos de prestigio, como el biólogo estadounidense Richard Ebright, han expresado más de una vez su preocupación por los escapes de virus que se producen en los laboratorios chinos de Pekín. Aprovechando esas disfunciones, la idea de un escape vírico en China puede ser fácilmente asimilada por la sociedad mundial.

»Por eso hemos seleccionado ya a dos virólogos de Wuhan. En este momento se preparan para abandonar China, y están dispuestos a lanzar una teoría sobre el origen del nuevo virus y su propagación desde ese laboratorio. No nos viene nada mal apuntar a los chinos como causantes del desastre que estamos en condiciones de provocar. Os puedo asegurar que en un año habremos infectado a más de 200 millones de personas, de las cuales al menos cinco millones habrán muerto. Más de 5.000 millones de seres humanos se verán expuestos al contagio».

Terminada la exposición del creador con este macabro pronóstico, Míster X volvió a tomar la palabra para incidir en su propuesta de proceder a la liberación en el laboratorio de Wuhan:

«En el plazo de un año, la extensión del contagio será global. Este virus no distinguirá razas ni regiones, sino que va a originar un caos mundial. Su altísima capacidad de transmisión obligará a paralizar la economía mundial, con la consiguiente caída del producto interior bruto y la correspondiente recesión, que se prolongará durante un largo periodo de tiempo. Habrá además un clamor internacional demandando antídotos, vacunas y medios para luchar contra la infección. Este es el plan. A partir de este momento, me gustaría contestar a vuestras preguntas y escuchar vuestras preocupaciones».

Los seis oyentes que durante horas habían permanecido mudos para conocer los detalles del plan comenzaron a hablar entonces en voz baja, en un clima donde se mezclaba la expectación ilusionante con la incredulidad. Fue Míster D quien, en nombre de todos los presentes, tomó la palabra para formular sus dudas.

«Suponemos que si vamos a poner en marcha una infección global es porque ya tenemos al alcance de la mano la posibilidad de frenarla fabricando vacunas y antídotos que nos permitirán obtener ingentes beneficios. Porque si, como has comentado, el virus no distingue entre países ricos y pobres, ni razas ni condición social, nosotros mismos y nuestras familias podemos convertirnos en víctimas de este macabro plan.

»También nos interesa saber el número total de damnificados que podemos originar, no vaya a ser que la magnitud sea tal que ponga en peligro la mano de obra que necesitamos para mantener nuestros negocios».

Míster X anotaba cuidadosamente las dudas mientras Míster D las iba formulando.

«Supongo también que habréis calculado el plazo de tiempo razonable para mantener el contagio antes de lanzar las vacunas y antídotos que contengan el problema. Nos preocupa que el asunto se descontrole y se nos vaya de las manos.

»Además, cuando esas vacunas y medicamentos estén disponibles, ¿qué laboratorio las va a producir a escala planetaria? ¿Serán los que ya existen y que están bajo nuestro control, porque tenemos más del 50 % de las acciones, o estamos pensando en alguno nuevo?

»También queremos saber si los pacientes sufrirán efectos secundarios, y esperamos con ansiedad que nos hables de los beneficios económicos que tan arriesgada operación nos va a reportar.

»Si, como dices, la proliferación del virus provocará una pandemia sanitaria y económica, necesitamos contar con un informe detallado sobre cuáles serán los sectores más castigados para poder planificar la desinversión en ellos. En todas las crisis hay sectores que salen fortalecidos, más allá del sanitario, que será el gran beneficiario en este caso, por lo que resulta imprescindible un trabajo minucioso para identificarlos e ir posicionándonos.

»Y, por último, otra pregunta importante. Semejante operación no está exenta de riesgos muy elevados, aunque tenga una justificación en términos económicos. Queremos conocer con detalle cuáles van a ser esos beneficios, qué nos va a reportar anualmente y durante cuánto tiempo».

Con una resplandeciente sonrisa y un semblante relajado, similar al del alumno que escucha las preguntas del profesor con la seguridad que da conocer todas las respuestas, Míster X volvió a intervenir:

«Sabéis que nunca os he fallado. Todas las propuestas que he realizado a este plenario, y que siempre habéis aprobado por unanimidad, se han saldado con un éxito rotundo. Pero es cierto que la decisión que vamos a tomar hoy es la más trascendental que hemos adoptado nunca.

»Todos los cabos están perfectamente atados. Y cada una de las preguntas e inquietudes que me trasladáis tiene una respuesta adecuada. Estamos en julio de 2019 y todo está preparado para para ponernos en marcha mañana mismo, pero mi propuesta es que comencemos a desarrollar el plan en diciembre. De este modo, tenemos por delante unos meses que nos permitirán invertir y desinvertir en los sectores que se van a ver más o menos perjudicados.

»La primera pregunta que me planteáis es muy lógica. ¿Cuántas personas van a morir? ¿Corremos nosotros mismos algún riesgo? Es un hecho que van a morir decenas de millones de personas. El porcentaje de defunciones será similar en todos los países y ninguno quedará exento. Tiene que haber muchas muertes para crear la sicosis y lograr que toda la población se sienta amenazada.

»Pero el virus que hemos creado es especialmente selectivo y se va a cebar sobre todo en los mayores de 70 años. Hablamos de personas jubiladas y con patologías previas que harán más eficaz la enfermedad, a la que llamaremos Covid. Se contagiarán también los jóvenes, pero con muy escaso porcentaje de defunciones. Por lo tanto, no se verá afectada en absoluto la masa productiva que trabaja en nuestros negocios. Es más, la Covid acabará fundamentalmente con población ociosa y que en nada contribuye a la productividad económica.

»Como me conocéis, sabéis que nunca os plantearía un problema sin tener en la mano la solución. Contamos con una vacuna absolutamente probada y con una eficacia del 85 %. Y en el porcentaje del 15 % inmune a la vacuna, el virus tendrá menos eficacia, de manera que sufrirá pocas muertes y será fundamentalmente de personas mayores.

»Paralelamente, también hemos elaborado un antídoto. Naturalmente, tardaremos años en utilizarlo. Durante un periodo de al menos 10 años, la única solución en el mercado será la vacuna.

»La preocupación por nuestro riesgo personal es innecesaria. Un mes antes de la difusión del virus, todos nosotros estaremos vacunados y tendremos en nuestras manos el antídoto adecuado.

»Desde el momento en que el virus comience a ser portada de diarios y televisiones, y una vez que la pandemia sea declarada por las organizaciones sanitarias competentes, esperaremos al menos un año para poner en el mercado las primeras dosis de la vacuna, que además llegarán de una manera muy selectiva.

»Nuestro objetivo es llevar a la población, y también a los gobiernos, a la convicción de que la vacuna es la única solución y que no utilizarla tendría consecuencias parecidas a las que originó la peste negra, que se llevó por delante la vida de la mitad de la población mundial en la Edad Media.

»Estamos en condiciones de producir vacunas para todo el mundo en cuestión de 30 días, pero las fabricaremos de manera escasa y escalonada. De este modo, se producirá un clima de escasez y competencia en el afán de hacerse con ella. Eso nos permitirá elevar los costes al máximo, de tal forma que en la primera fase solo sea accesible para los más ricos.

»Además, la eficacia de la vacuna será temporal, porque la avaricia siempre ha sido una virtud en nuestro código de conducta. Así podremos fabricar y fabricar de manera indefinida, para mantener los beneficios. Cada ciudadano necesitará dos o tres dosis como mínimo para garantizar la eficacia de la vacunación. A partir de entonces, funcionará igual que la vacuna de la gripe, con un pinchazo anual hasta que salga a la venta el antídoto.

»Yo soy de la opinión de que tenemos que ordeñar la vaca durante al menos cinco años antes de lanzar el medicamento que garantice la inmunidad global frente al virus.

»Con esto creo que he contestado con claridad a las primeras dudas».

Los rostros de los seis siniestros personajes que escuchaban con atención habían pasado en este tiempo de la expectación y la duda a una alegría incontenida, en medio de la cual Míster X siguió aportando respuestas:

«Los laboratorios que tendrán el privilegio inicial de acaparar las ventas más cuantiosas serán aquellos en los que poseemos la mayoría de las acciones. En un primer momento vamos a asistir a una aparente guerra comercial, pero será pura ficción. Una falsa carrera entre competidores para crear en la opinión pública la imagen de un mercado de libre competencia, cuando lo cierto es que nosotros estamos detrás de todos ellos, por lo que la marca será lo de menos.

»Tenemos que contar con la posibilidad de que, pasado un tiempo, cualquier laboratorio de poca monta pueda plagiar el medicamento y copar una parte marginal del mercado, pero será de una manera muy poco significativa. De alcanzar un nivel de ventas que resulte preocupante para nuestros intereses ya se encargarán nuestros equipos especialistas de intoxicar y desprestigiar a los competidores para cortarles las alas».

Míster X se centró seguidamente en el detalle de los sectores económicos que habrían de resultar más afectados por la pandemia y en los que interesaba abandonar inversiones para concentrarlas en aquellas ramas de la economía en las que estaba previsto un importante repunte. De esta manera respondía a una de las mayores inquietudes del grupo.

«En los primeros momentos, la expansión del virus solo podrá frenarse con durísimas medidas de restricción de movimientos y contactos, que se van a adoptar en todos los países, con efectos muy negativos sobre todo en el sector del turismo. Las compañías aéreas cesarán prácticamente su actividad durante al menos un año, al igual que los cruceros, los hoteles y los restaurantes, y todos los negocios relacionados con el ocio. Su caída será espectacular. Tened en cuenta que hablamos de un sector muy importante de la economía mundial, por lo que la caída del PIB será a nivel global y no menor del 10 %. Los bancos van a sufrir también pérdidas muy destacadas en sus cotizaciones bursátiles.

»Pero habrá otros muchos sectores que saldrán fortalecidos. Por supuesto, en primer lugar, toda la producción relacionada con la sanidad, ya que el motivo de esta operación es forrarnos con las vacunas y los antídotos.

»Y no olvidemos toda la industria sanitaria y pseudosanitaria que se pondrá en marcha durante años para paliar la pandemia. Nosotros estaremos adecuadamente posicionados de manera hegemónica. Hablo de nuevos hospitales privados, material quirúrgico de todo tipo, equipamientos sanitarios adecuados para el personal sanitario, producción masiva de elementos de protección como mascarillas, hidrogeles o purificadores del aire.

»Se potenciarán las residencias de ancianos con dotaciones de alto coste, porque nos encaminamos a una sociedad geriátrica. Ya tenemos una importante presencia inversora en ese sector, pero tenemos que aumentar nuestro control, porque es una apuesta de futuro.

»El sector primario no tendrá problemas durante esta crisis. La alimentación es, como ya he dicho, la primera necesidad del ser humano y la demanda no va a disminuir en ningún momento. Debemos mejorar por ello nuestro posicionamiento en las materias primas de base alimentaria, donde aún ejercemos un bajo nivel de control».

Fue entonces cuando Míster X se preparó para entrar en el meollo de la cuestión. Con el apoyo de sus dos asistentes, desplegó en la pantalla que presidía la sala de reuniones las previsiones económicas de la siniestra operación que había diseñado.

«Tenemos que decidir la duración que le daremos a la vacuna. Ya os he dicho que yo propongo un mínimo de cinco años antes de comercializar el antídoto que ya tenemos elaborado. Al menos 6.000 millones de personas tendrán que vacunarse todos los años una vez como mínimo. Habrá unos 1.500 millones que no podrán acceder a la vacuna, pero eso es bueno para nosotros, porque seguirán extendiendo los contagios y contribuirán a generar una tensión que convertirá en imprescindible la vacunación. Además, nuestros científicos ya se han encargado de que esta vacuna no tenga una eficacia absoluta. Entre un 10 % y un 15 % de la población no accederá a la inmunidad».

En ese momento empezaron a aparecer en pantalla cifras astronómicas. Cientos de miles de millones al año en ingresos, sin contar con los negocios colaterales.

Las previsibles pérdidas futuras en los grandes negocios tradicionales del petróleo, el gas, el carbón, las armas y la banca quedaban más que compensadas con esta gigantesca operación, a costa de infectar a la población mundial con un virus hasta entonces desconocido.

Un estridente aplauso de los asistentes puso fin a cualquier debate posterior y dio luz verde a la macabra propuesta.

Entonces me desperté de la pesadilla.

35. Testimonios terribles

Durante estos casi dos años de pandemia he tenido ocasión de conversar con personas que han sufrido los efectos más graves de la Covid. Pacientes que tuvieron que ser ingresados en las unidades de cuidados intensivos de los hospitales de Cantabria me contaron sus experiencias.

En su mayoría, cuando sufrieron los primeros síntomas no eran conscientes de la gravedad. Picos de fiebre y algo de tos no suelen ser motivo de intranquilidad. Poco a poco, al cabo de seis o siete días, se iban encontrando peor. Algún médico intensivista me ha hablado de lo que ellos llaman «hipoxia feliz», un síntoma que sufren las personas que no oxigenan bien, pero mantienen la elasticidad de sus pulmones. Pero después llegaba la fatiga y, con ella, la necesidad de acudir al hospital, donde comienza a aparecer la angustia ante la falta de oxígeno y la necesidad de atención urgente.

Un amigo que superó la enfermedad me comentó que es en ese momento cuando te rodean de cables, te ponen un medidor de oxígeno en el dedo, suero en vena y te trasladan urgentemente a la unidad de cuidados intermedios, cerca de la UCI. Este amigo recuerda que fue ahí donde empezó a crecer su angustia y aparecieron los recuerdos. En el momento del traslado solo veía las luces del techo moverse rápidamente mientras le conducían a toda velocidad por un pasillo en una camilla. En su mente aparecieron entonces las imágenes de sus hijos, al pensar que podía morir. En aquel momento él era el protagonista de esas escenas que había visto a través de la televisión cuando los telediarios informaban del número diario de fallecidos. Escenas que había contemplado con cierta indiferencia, como cuando escuchas los datos de los accidentes de tráfico con la casi seguridad de que es algo que nunca te va a pasar a ti.

Pero ahora era él. «¿Qué será de mi nieta Deva, que nació con un déficit motor y pasea todos los días conmigo?», se preguntaba. La respuesta estaba allí, entre aquellas luces que parecían anunciar un camino de oscuridad.

Después de unas horas de relativa tranquilidad, una doctora se acercó a mi amigo para decirle suavemente: «Las cosas no están evolucionando bien y vamos a trasladarte a la unidad de cuidados intensivos; allí tenemos más medios para controlar la enfermedad». Y era tanta la ternura con la que aquella médica le hablaba que no llegó a darse cuenta de lo que le estaba diciendo.

«Y de repente estoy ahí, con una máscara que me mete oxígeno, ante un médico que me explica que es una nueva técnica de alto flujo para evitar ponerme un respirador. Le digo que estoy muy asustado y le pido que me ponga algo para quitarme la presión que siento en el pecho, pero me responde que necesitan que esté consciente y colabore. Escuchaba muchas voces y, sobre todo, ruidos y alarmas. No sabía a quién tenía alrededor. Solo veía una luz, como si fuera el resplandor de un rayo que no desaparecía. Venían a verme constantemente y hablaban entre ellos. Oí mencionar un tubo antes de que viniera a verme un doctor, que me dijo que estaba luchando mucho y que era muy fuerte, pero que tenían que ayudarme aún más. Me pidió que no me preocupara, porque todo iba a ir bien. "Vamos a proceder a dormirle, porque queremos que tenga más oxígeno", me dijo a continuación. En ese momento mi angustia fue tremenda. Imploré ver a mi familia, porque tenía la sensación de que me iba para siempre y no quería hacerlo sin despedirme. Naturalmente, el médico me dijo que era imposible, pero que ellos estaban informados de todo».

Como el relato de mi amigo he escuchado varios de otras personas que han vivido el mismo trance y estuvieron en la UCI durante semanas. Ellos no eran conscientes de todo el tiempo que permanecieron boca abajo para favorecer la ventilación de sus pulmones. Ni de que tuvieron un tubo dentro de la tráquea y un aparato respirando por ellos. Ni de aquellos ángeles auxiliares que los lavaban y cuidaban cada día, ni de los cambios de tratamiento, ni de la angustia de la familia. No recuerdan nada de ese tiempo, aunque a veces cuentan de manera inconexa algunas vivencias de imágenes, luces, palabras al oído, túneles...

Mi amigo permaneció durante todo un mes sedado e inconsciente en Valdecilla. Al cabo de ese tiempo fueron despertándole poco a poco. Me contó que su primer recuerdo del despertar fue una cara y una voz de mujer que le llamaba por su nombre. Él no sabía dónde estaba. Sí notó un tubo en la garganta, más tarde sabría que era la traqueotomía, y las sondas que le introducían y que le irritaban la tráquea al respirar.

Los primeros días después de recuperar la consciencia los pasó desorientado. Dormía y despertaba, sin distinguir el día de la noche. Poco a poco le fueron contando todo lo que le había pasado. Vio a su mujer, a sus hijos y a su nieta, pero no podía hablar. Todo eran emociones y lágrimas.

No fue hasta días después cuando se dio cuenta de que había estado al borde de la muerte. Había perdido 30 kilos. Apenas podía moverse, tenía las articulaciones congeladas y un cansancio enorme, además de muchas dificultades para concentrarse. Sus brazos estaban hinchados y su espalda, llena de úlceras. Le sangraban las encías y deseaba dormir todo el tiempo.

Hasta que un día apareció su nieta Deva en la habitación con dos rosas en la mano, una roja y otra blanca, los colores de la bandera de Cantabria. Le entregó una carta que le leería la enfermera: «Abuelo, tienes que ponerte bueno, porque tenemos que ir a pasear. Sin ti no me atrevo a salir y viene un otoño precioso». Ese día supo que tenía que volver a vivir. Aún no estaba recuperado del todo, pero fue consciente de que la medicina y Valdecilla le habían dado otra oportunidad que no podía desaprovechar.

Estoy seguro de que miles de personas de todo el mundo que sufrieron en la UCI lo peor de la infección de Covid-19 pueden sentirse identificadas con este relato. Ellos son los afortunados. Otros, un 40 % del total de pacientes que ingresaron en cuidados intensivos, nunca despertaron. Sus familias no pudieron atenderles, ni brindarles su cariño o siquiera despedirles.

La muerte es siempre dramática, pero la causada por el coronavirus lo ha sido en grado sumo. Muchas víctimas tuvieron que ser enterradas en soledad, de forma anónima y sin la cercanía de los suyos. Afortunadamente, en sus últimos momentos tuvieron cerca la preparación, la disciplina, el esfuerzo y la sensibilidad del personal sanitario que permaneció a su lado. Todo lo que hagamos para agradecérselo será poco.

En esta España políticamente crispada que busca la forma de recuperarse de los efectos de la pandemia sería bueno volver la vista a nuestros sanitarios y buscar en su ejemplo el camino hacia una sociedad más unida y generosa.

36. Otra guerra

Tal como funciona el sistema capitalista, las guerras forman parte sustancial de su mantenimiento. El mundo podría estar orientado hacia el reparto de la riqueza, sin consentir que unos pocos tengan de todo y otros no tengan ni para comer. Pero lo que impera es una economía de mercado, en la que las grandes multinacionales y los que concentran ingentes fortunas tienen como objetivo incrementar sus beneficios año tras año y ganar cada vez más.

En esta economía de mercado que domina nuestro mundo, casi todos los productos son perecederos. O se consumen, o cada cierto tiempo tenemos que reponerlos por vejez o agotamiento.

El sector primario planta cosechas estación tras estación, porque la humanidad consume trigo, maíz, alubias, frutas... Los pescadores salen todos los días a faenar, porque comemos miles de toneladas de pescado. La cabaña ganadera se encuentra en constante renovación porque bebemos leche y comemos carne, queso, yogures, mantequilla...

Las fábricas de coches no cesan de fabricar vehículos, porque cada 15 o 20 años, a lo sumo, hay que cambiarlos. Lo mismo ocurre con los electrodomésticos o las prendas textiles.

Pero hay un producto que solo se consume cuando hay guerras. Ese producto son las armas y el resto de los artilugios bélicos. Las grandes fábricas armamentísticas producen a diario cientos, si no miles, de tanques, misiles, barcos de guerra, bombas, ametralladoras, fusiles, pistolas, gases lacrimógenos...

Hablamos de la industria más potente del mundo. Solo en Estados Unidos representa el 37 % del total de la producción industrial. El consumo de acero, níquel, cobre, tecnología o plástico depende en gran medida de esta industria. Un misil de los muchos que cada día caen en Ucrania, como los que antes cayeron en Irak, cuesta millones de euros.

La industria del armamento necesita que haya guerras como mucho cada 10 años, porque es la única forma de liquidar los *stocks*.

Me imagino a los presidentes de las cinco mayores empresas estadounidenses de armamento, la Lockheed Martin, la Raytheon Technologies, la Boeing, la Northrop Grumman y la General Dynamics, llamando a los dirigentes que manejan el cotarro angustiados tras un largo periodo de paz. La pregunta que plantearían sería: «¿Qué hacemos con los *stocks* de material bélico? Ya no tenemos espacio para acumular más».

Tal como está montado el mundo, creo que coincidiréis conmigo en que las guerras son una necesidad. Y puedo reforzar este argumento con los hechos. Me voy a referir a las dos grandes guerras de los últimos 20 años, la de Irak y la actual en Ucrania.

Ya os conté en mi primer libro la intervención que protagonicé en el Parlamento de Cantabria el 17 de febrero de 2003. Una intervención improvisada, como todas las mías, porque nunca leo mis discursos. Os la recuerdo:

> Subo a la tribuna [dije] con la única representación política de ser en este momento y en esta sesión portavoz coyuntural del Grupo Regionalista.
>
> Va a ser la primera vez, en ocho años de colaboración con el Grupo Popular en el Gobierno de Cantabria, que en este pleno vamos a poner de manifiesto una posición distinta y distante de nuestros socios. Y es que el tema es muy gordo. Vamos a hablar de la invasión de Irak. Vamos a hablar de la guerra. Una guerra que no nos ata al pacto de gobernabilidad de Cantabria. Es más, yo diría que un tema como este está por encima de ideologías, que está incluso por encima de disciplinas de partido y entra de lleno y directamente en una cuestión de conciencia y en un asunto moral.
>
> Añado más. Esa pegatina que los manifestantes lucen en las manifestaciones y que de manera genérica dice «No a la guerra» no es acertada. Porque aunque en un principio estoy en contra de las guerras, no todas las guerras son iguales. Algunas sirvieron para eliminar a tiranos y hacer un mundo más habitable.
>
> La segunda Guerra Mundial nos libró del nazismo. Incluso la guerra del Golfo estaba justificada. Irak había invadido Kuwait.

El Grupo Regionalista está en contra de esta guerra, y más de la participación de España. Sé que esta intervención va a ser testimonial, pero a muchos nos aliviará un problema de conciencia. Porque la decisión está tomada. Es una película con un guion firmado. No es una guerra porque el régimen de Sadam suponga en estos momentos un peligro ni para Washington ni para el mundo. Sinceramente, creo que esto es de risa. Es una guerra, y aquí voy a dar una opinión personal que no sé si comparten mis compañeros de partido, exclusivamente económica.

Hace ya mucho tiempo que Estados Unidos tiene una dependencia económica fundamental de la industria del armamento. De manera directa o indirecta, más del 27 % del producto interior bruto de ese país depende de la industria bélica. Terminada la guerra fría, terminados los enemigos que tradicionalmente se enfrentaban a Estados Unidos, Rusia y China, principalmente, hay que buscar enemigos para que el *lobby* industrial de la guerra dé salida a todo el armamento que no cabe en los almacenes.

La economía americana está en estos momentos, como todos sabemos, en una situación de estancamiento económico, con un crecimiento del 0,7 % del PIB, que no genera empleo, sino paro. Hay tesis económicas malévolas, pero por desgracia ciertas, que dicen que algunas guerras son inevitables para garantizar un posterior crecimiento económico. En este caso, estoy convencido de que, además de ser una guerra que se exporta a un país foráneo, puede ser una manera de plantear una solución económica para algunos con una solución militar.

Nos hablan nada menos que de lanzar 300 misiles al día sobre Irak, y de más de 3.000 bombas. Cada uno de esos misiles vale más que cualquier carretera de las que hemos construido en Cantabria. Hay que agotar el arsenal bélico, que ya no hay espacio físico donde colocarlo, y volver a poner la producción en marcha.

Pero hay otro motivo más que también es económico. El petróleo. No hay que olvidar que Irak tiene potencialidad para sacar al día ocho millones de barriles de crudo, lo que le convierte en la segunda potencia mundial en reservas petrolíferas.

Esta invasión de Irak tendrá consecuencias nefastas para el futuro de la humanidad. Sadam es un sátrapa, pero desarmado como está no es ningún peligro. Morirán miles de inocentes. El mundo árabe quedará más radicalizado contra el mundo occidental y, a la larga, esta intervención dará un espejismo de bonanza económica en Estados Unidos, pero será muy perjudicial para el resto del mundo, porque puede propiciar una subida del petróleo y una crisis económica global.

Por primera vez, el PP perdió la votación al apoyarnos en la resolución el Partido Socialista. Y, por desgracia, mis augurios se cumplieron por completo. Dos meses después, Irak era invadido. Lo que más me indignó de esta tropelía fue que José María Aznar, el presidente de España, fuera un factor propiciador y, además, fundamental. Yo creo que no ha sido suficientemente analizado el porqué de embarcarse en esta operación.

Llegamos al final de ocho años de coalición conscientes de que era imposible una reedición del pacto.

No puedo obviar un comentario que ya hice en su día sobre José María Aznar, por la trascendencia que sus decisiones han tenido para España y para el mundo. En la gestión de los asuntos nacionales, creo que su gestión fue positiva. Llegó a la jefatura del Gobierno de la nación con la experiencia de haber presidido la Junta de Castilla y León durante varias legislaturas. Y se rodeó de un buen equipo de altos cargos, sobre todo en materia económica.

Su llegada al Gobierno coincidió con el inicio de un ciclo económico mundial expansivo, lo cual contribuyó a que presentara un buen balance político y económico al finalizar sus dos mandatos.

Sin embargo, nunca podré perdonarle que se convirtiera en factor determinante para que George Bush cometiera una de las tropelías más ignominiosas desde la Segunda Guerra Mundial, porque eso fue la guerra de Irak.

Después de reflexionar muchísimo sobre lo ocurrido, llegué a la conclusión de que habíamos vivido una secuencia de cine americano hecha realidad. Situaros a finales de 2001, comienzos de 2002. Pongamos que hablamos de una reunión en la Casa Blanca, con presencia de los grandes personajes del momento: Donald Rumsfeld, Dick Cheney y George Bush. Todos ellos auténticos halcones y protagonistas de esta escena que relaté en *Nadie es más que nadie.*

«Presidente, hay que acabar con el trabajo que no concluyó tu padre. Es necesidad nacional. Hay que invadir Irak y acabar con Sadam. La industria de la guerra no tiene espacio para almacenar lo que se produce en armamento. Puede producirse un colapso. Además, está el control del petróleo».

Estando de acuerdo en las razones, es posible que el presidente preguntase cómo se iba a justificar aquello. Se le expuso el plan. La supuesta posesión de armas de destrucción masiva por parte de Irak. Una auténtica amenaza para el mundo.

Los dubitativos informes de la Agencia de Inspección sobre armas de destrucción masiva del señor Al Baradei serán rebatidos con fotos aéreas, informes de autoridades catequizadas, etc. «Nosotros nos encargamos de preparar todo el decorado», le dijeron a Bush, quien probablemente preguntara qué compañeros de viaje iban a ayudar a vestir el muñeco, dado que las Naciones Unidas no iban a aprobar la invasión. «También lo tenemos previsto. Naturalmente y como siempre, nos apoyará Reino Unido, todos procedemos de allí. Inglaterra siempre estará con Estados Unidos. Es más, ya hemos hablado con Tony Blair y está de acuerdo. Cierto que hace falta otro país. Necesitamos un trío. Y la captación del tercer cómplice es cosa tuya, presidente. El tercer país es España. Tenemos perfectamente estudiada la sicología de su presidente. Se llama José María Aznar». «¿Cómo decís que se llama?», replicaría Bush. ¡Aznar! Nunca fue capaz de pronunciar bien el nombre.

Le dijeron que el presidente de España era un hombre nacido en Valladolid, muy de derechas y, según sus informes, admirador del imperio americano. «Admira nuestro país. Estamos seguros de que si le llamas y le llevas a ese rancho que tienes en Texas, por donde muy pocos han pasado, se abre de carnes. Háblale de que tienes informes definitivos sobre la existencia de armas de destrucción masiva. Dile que España, por historia, tiene que ser primera potencia mundial, e incluso empápate de la repercusión que todavía tiene en tu tierra de Texas el paso de los castellanos. Debes decirle que es una oportunidad histórica. Estar en esta operación con Estados Unidos e Inglaterra no es estar en la primera división de la política, sino ganar la liga. Es el trío, dile, que pasará a la historia por haber liderado la liberación del mundo de Satán. Todo ello debes adornarlo con una parafernalia adecuada. Nada de protocolo. Estamos hablando de tu rancho. Nada de corbatas y sillones tapizados, como si estuvierais en familia. Pies encima de la mesa, puros para el que fume. Que se sienta como en casa y consciente de que está tocando un sueño. No te puede fallar».

La CIA suele estar bien informada. Todos en esta vida tenemos alguna debilidad. Un cantante, una actriz, un equipo de fútbol. Yo mismo voy a contar una debilidad. Nunca había pedido a nadie que se sacara una foto conmigo, pero hace dos años en Oviedo dieron el Premio Príncipe de Asturias a un señor llamado Martin Cooper, inventor del teléfono móvil. Moví los hilos hasta que conseguí hacerme una foto con él que tengo en mi despacho. Me sentí ante un genio comparable a Edison o Fleming…

Estoy seguro de que para José María Aznar, cuya referencia era América y su presidente, esa llamada de Bush debió de significar el logro de un sueño, y más cuando le dijo que le invitaba a su casa. Seguro que la reunión se preparó tal como creo que Dick Cheney y Donald Rumsfeld habían sugerido. Hay una foto antológica de ese encuentro. Aznar posaba como si estuviera en la casa de un amigo en Quintanilla de Onésimo. Bush no tuvo que insistir mucho. Le dijo que sí sin dudarlo. Me consta que no comentó con nadie de su partido la decisión más trascendente de su vida.

Para comprender la obnubilación que debió de sentir en el rancho de Bush, hay un testimonio gráfico muy difundido en programas de televisión, que causa auténtica hilaridad. Acentos tan pegadizos como el andaluz o el gallego no se contagian a los foráneos sin meses, o incluso años, de contacto continuo. Tras apenas tres horas en el rancho con Bush, nuestro presidente hablaba con acento cantinflesco, mezcla de tejano y mejicano. Y regresó catequizado, repitiendo como un papagayo todo lo que le mandaron decir.

Pocos días después, en las Azores, se firmó el pacto para invadir Irak. Se materializó la más vergonzosa operación ilegal que la humanidad ha llevado a cabo en aras de la democracia desde los años 40 del siglo pasado.

José María Aznar había cumplido un sueño.

Pasados los años, habría dulcificado mi juicio sobre él si hubiera reconocido su error y pedido perdón, pero nada de eso ha ocurrido.

La terrible decisión de invadir Irak no solo llevó dolor a miles de familias. Hubo más de un millón de muertos y más de tres millones de desplazados. E hizo del mundo un lugar menos seguro. Y a los iraquíes, más pobres.

Pero, además, esa guerra fue en parte el detonante de la crisis global que luego sufrimos. El premio Nobel de Economía Joseph Stiglitz llegó a cifrar su coste en tres billones de dólares. ¿Imagináis los retornos de ese dinero invertido en investigación y desarrollo, infraestructuras, educación, sanidad...? Habría redundado en un aumento de la productividad y elevado la producción mundial de todo tipo de bienes y servicios.

Los tres billones que costó la guerra solo beneficiaron a unos pocos. Fue dinero tirado. Iba a suponer un abaratamiento del coste del petróleo, otra falacia. Cuando comenzó el conflicto, el barril de crudo valía 25 dólares; cuando terminó, sobrepasaba los 100. La mayor parte de los analistas consideró que la guerra de Irak fue causante de la subida del precio, como mínimo en 30 dólares el barril. Y gastar más en petróleo supone detraer demanda en otros consumos. Las subidas del crudo siempre han debilitado las economías del mundo desarrollado.

Algún día, con la imparcialidad que concede el tiempo a la hora de juzgar los comportamientos humanos cuando ya no viven los protagonistas, la historia será muy dura con el trío de las Azores. Mi conciencia y mi libertad me obligan a adelantar ese juicio.

Me sorprende que Bush, Blair y Aznar, que se confiesan profundamente religiosos, no hayan mostrado remordimientos por el sufrimiento y el daño que originaron. La América reaccionaria y belicosa siempre paga bien los servicios prestados. Tony Blair ha llegado a ser uno de los ingleses más ricos. Y al nuestro, tampoco le ha ido mal.

Ahora ya sabemos que la invasión fue un auténtico montaje. Estados Unidos estaba al borde de la recesión y gracias al conflicto logró un desarrollo galopante. Ni había armas de destrucción masiva ni Sadam era más peligroso para la humanidad que otros tantos dictadores que han poblado el mundo. Al final, lo encontraron en un zulo completamente solo. Y hoy Irak es un caos absoluto, un Estado fallido.

A los ciudadanos que estamos por la paz nos indigna que se justifique la guerra con engaños. Pero siempre he temido que vendría otra, porque Estados Unidos no ha dejado de invertir en armamento. De hecho, invierte en su ejército más de lo que gastan juntos los 42 países que le siguen en el *ranking* de gasto bélico. Es alrededor de la mitad del gasto militar del planea. Una economía hecha para la guerra obliga a ella.

37. Otro vaticinio cumplido

Terminada la guerra de Irak, en enero de 2014 escribí *La jungla de los listos,* con un capítulo titulado «Habrá otra guerra», en el que vaticinaba que, a pesar del alivio que acababa de experimentar el arsenal bélico que las grandes empresas, sobre todo americanas, tenían en *stock,* habría una nueva guerra con toda seguridad pasados 10 o 15 años. Es el plazo que yo calculaba para que la industria armamentística volviera a acumular material bélico sin salida. Me equivoqué en dos cosas.

Predije 10 o 15 años y han sido 19. También fallé al augurar el país que sería el protagonista de esa nueva contienda. Coloqué como principal cliente a Irán. El combate ha sido finalmente Rusia-Ucrania. Curiosamente, las guerras se montan siempre en países muy distantes de Estados Unidos: Vietnam, Afganistán, Irak, Libia…

El caldo de cultivo para esta nueva guerra tenía los ingredientes necesarios. Un dirigente ruso, Vladimir Putin, prototipo de dictador al estilo Hitler o Stalin, al frente de una potencia militar venida a menos desde que el cambio del sistema comunista al capitalismo desmembró más de la mitad de lo que antiguamente era la Unión de Repúblicas Socialistas Soviéticas. De ese desmembramiento lo que más dolía a los nostálgicos del antiguo imperio era la pérdida de Ucrania. No podemos olvidar que el origen de Rusia está en Kiev, la actual capital de Ucrania, alrededor de cuya ciudad floreció hace más de un milenio el pueblo rus y su cultura.

Además, hace ya años que dos territorios ucranianos próximos a Rusia, de genética y lengua rusas, declararon su independencia solicitando la unión al antiguo imperio. También Crimea había sido absorbida por Rusia.

Por si fuera poco, los actuales dirigentes de Ucrania solicitaron su adhesión a la OTAN. Parece comprensible que los rusos no estén dispuestos a aceptar la presencia de una organización militar armada de misiles en su frontera.

Vladimir Putin advirtió de su intención de invadir Ucrania en el caso de no ser reconocida la independencia de las dos provincias de base rusa y la anexión de Crimea. Y exigió la garantía de que este país no formaría parte de la OTAN.

Estados Unidos nos anunció incluso el día de la invasión y garantizó que la OTAN no intervendría en el conflicto, más allá de suministrar armas al invadido y tomar represalias comerciales contra Rusia. Semejante declaración fue casi una invitación a la invasión, que naturalmente se produjo.

Voy a analizar ahora quiénes son los grandes beneficiados y los principales perjudicados de esta guerra.

Es evidente que a nadie beneficia más que a Estados Unidos. La gran potencia militar y económica del mundo vivía horas bajas. Veía peligrar su papel como faro, guía y protector del llamado mundo democrático, con el organismo que militarmente protege a todos los países que lo forman en descomposición, según palabras del presidente francés, Emmanuel Macron.

Con la invasión de Ucrania llega el terror a ese grupo de países. Estados Unidos reunió a todos en Madrid para decirles: «Aquí estoy yo como paraguas protector». Los 42 miembros de la OTAN se pusieron firmes a las órdenes del titán americano. Incluso naciones de probada neutralidad, como Suecia o Finlandia, se apresuraron a solicitar su adhesión al organismo militar. Como primera imposición, todos los países miembros se comprometieron a aumentar su presupuesto militar hasta el 2 % de su producto interior bruto.

La invasión de Ucrania ponía de nuevo a Estados Unidos en el liderazgo del mundo.

Paralelamente, los Estados europeos son convencidos para practicar un embargo masivo a las importaciones procedentes de Rusia. Estados Unidos es un país autosuficiente energética y alimentariamente, pero Europa no. Las materias primas de las que Norteamérica tiene reservas ingentes ven disparados sus precios: petróleo, gas, cereales...

El segundo gran beneficiado de esta guerra es la industria armamentística, que es sinónimo de decir Estados Unidos. El 70 % de las carísimas y sofisticadas armas que requiere el combate las producen compañías americanas. Cuando escribo estas líneas se prevé que este año, 2022, las cinco grandes industrias armamentísticas —Lockheed Martin, Raytheon Technologies, Boeing, Northrop Grumman y General Dynamics— facturen 172.000 millones de euros. Desde que comenzó la guerra han aumentado en 30.000 millones de dólares su valor en bolsa.

Hablemos ahora de los grandes perjudicados. En primer lugar, los ucranianos: más de cuatro millones de desplazados, miles de muertos y una quinta parte del país arrasada.

En segundo lugar, Europa. Esta guerra nos ha devuelto a una realidad: los europeos no tenemos ni fuentes de energía ni cereales suficientes. Nos enfrentamos a una gran paradoja: el embargo a Rusia se ha transformado en un embargo de Rusia a Europa. Como consecuencia, los precios de la energía están por las nubes, la inflación es galopante y nos enfrentamos a una posible recesión. Naturalmente, cuando la guerra termine también seremos los europeos quienes tendremos que reconstruir Ucrania.

En 2014 aventuré que después de la guerra de Irak vendría otra. Hoy vuelvo a pronosticar que cuando acabe el conflicto de Ucrania viviremos unos años de relativa paz, pero pasado un tiempo la industria militar volverá a reunir *stocks* armamentísticos insostenibles. Y habrá otra guerra. Pronto se empezará a buscar destinatarios.

PERSONAJES QUE DEJAN HUELLA

38. Alberto de Mónaco vuelve a Cantabria

En *La jungla de los listos* relaté bajo el título «El día que volví a meter la pata» la llegada a Cantabria del príncipe Alberto de Mónaco. ¿Lo recordáis?

Su visita se produjo tras los pasos de su antepasado, Alberto I, quien atracó en el puerto de Santander el 21 de julio de 1909 a bordo de su propio barco Princess Alice. Llegaba el distinguido visitante acompañado por los mejores expertos en arte prehistórico de Europa. Aquel hombre, ya mayor, príncipe de Mónaco e instaurador de la dinastía Grimaldi, hizo descender de su barco el primer coche visto en Cantabria.

En medio de una gran expectación popular, la comitiva se dirigió a Puente Viesgo, una preciosa localidad cántabra que alberga las cuevas de Monte Castillo. Alberto I permaneció todo un mes en el pueblo para investigar las pinturas de estas cuevas y publicó un año después un extenso trabajo titulado *Les cavernes de la région cantabrique,* que supuso el descubrimiento de las cuevas de Monte Castillo como lo que son, una gran joya del arte paleolítico.

En 2009 se cumplían 100 años de aquel momento y se me ocurrió enviar una carta a su tataranieto, Alberto II, para invitarle a visitar Cantabria y las cuevas que tanto interés suscitaron en su antepasado, cuyo busto aún se encuentra en la entrada. Para mi sorpresa, apenas 15 días después recibí una carta de la embajada de Mónaco en Madrid aceptando la invitación.

El martes 28 de septiembre de 2010, a las 10:00 horas, aterrizaba en el Seve Ballesteros un avión de las Fuerzas Aéreas de Mónaco. Y allí estaba yo, a pie de pista, esperando al príncipe y ataviado con mis mejores galas: un traje seminuevo de Emidio Tucci, camisa azul de rayas y corbata a juego. Cuando se abrió la puerta del avión y colocaron la escalerilla por la que descendió Alberto II comprobé consternado que vestía camisa de cuadros, pantalón safari y botas de montaña. ¡Tierra, trágame!

El príncipe llevaba el atuendo perfecto para lo que iba a hacer, que no era otra cosa que visitar unas cuevas rupestres. La comitiva cántabra que me acompañaba, en la que estaba el consejero de Cultura, el director de las cuevas y otras autoridades, iba vestida igual que yo. El ridículo fue espantoso. *El Diario Montañés* publicó al día siguiente la foto con el siguiente texto: «El príncipe Alberto de Mónaco, el primo pobre del séquito».

Al margen de este incidente, debo confesar que en aquel momento yo sentía cierta prevención hacia Alberto de Mónaco, cuya imagen no sale bien parada en los medios de comunicación. Sin embargo, su comportamiento fue ejemplar. En aquella visita pasó seis horas bajo tierra, interesándose por todas las punturas. Comió con voracidad anchoas, sobaos pasiegos y quesos de Cantabria. Dedicó toda una hora a saludar a los vecinos y sacarse fotos con ellos. Y se fue encantado.

Un año después recibí una carta del embajador de Mónaco en la que me comunicaba que el príncipe estaría encantado de recibirme en el principado y enseñarme su palacio. Le agradecí la invitación y le dije que, si algún día pasaba por allí, le haría una visita.

Yo no he tenido aún la oportunidad de viajar a Mónaco, pero Alberto II sí ha repetido en Cantabria. El 11 de octubre de 2022 volví a recibirle en el aeropuerto Seve Ballesteros.

Por expreso deseo de S. A. S. (Su Alteza Serenísima), no es broma, es el apelativo que reciben los príncipes de Mónaco, aunque yo le trato de tú, la embajada de su país en Madrid me comunicó unas semanas antes su deseo de volver a Puente Viesgo para visitar las cuevas. El ritual fue parecido al de septiembre de 2009.

El avión de las fuerzas aéreas de Mónaco aterrizó en Cantabria a las seis de la tarde del 10 de octubre.

A pie de escalera esperaba el presidente de Cantabria, ataviado esta vez a la altura de las circunstancias, como corresponde a alguien que va a visitar unas cuevas. A 100 metros de la pista le esperaba un cochazo, junto a otros vehículos de parecido nivel para llevar a guardaespaldas y séquito.

Le saludé con un abrazo y me dijo que le encantaría que le acompañara a Puente Viesgo en su coche. Son 40 minutos desde el aeropuerto con los que comenzó una estancia de dos días en la que le conocí un poco más que la primera vez, por lo que ahora tengo más motivo para hacer un juicio de esta persona tan mediática.

Si no supiéramos que es un príncipe, Alberto de Mónaco podría pasar desapercibido en cualquier bar, viendo un partido de fútbol o en una bolera de Cantabria. Es de una sencillez y una amabilidad asombrosas. No duda en detenerse allí donde alguien se le acerca para saludarle o pedirle una fotografía.

Me impresionó también su humanidad. Cuando íbamos en el coche camino de Puente Viesgo me preguntó por mi esposa y le dije que no me había acompañado porque la operaban en unos días y se estaba sometiendo a un tratamiento previo que la obligaba a permanecer en casa. Me pidió que se la pasara al teléfono para darle ánimos. Estuvieron charlando un par de minutos. Yo no daba crédito ante su gesto.

Pude comprobar que habla español casi perfectamente. Antes de visitar las cuevas, recorrimos las obras del futuro Centro de Arte Rupestre de Puente Viesgo y comparecimos en una rueda de prensa. Comenzó sus palabras en perfecto español antes de continuar en francés y respondió a todas las preguntas.

Mi impresión de la primera visita se vio confirmada. Le encanta comer y beber bien. Me habían sugerido que la comida fuera a base de productos autóctonos. Me lo puso a huevo; incluso los vinos fueron cántabros.

Se fue tan encantado que me prometió volver en abril de 2023, con más tiempo, porque le voy a enseñar el monasterio de Santo Toribio de Liébana con motivo de la celebración de un nuevo Año Jubilar Lebaniego.

Tengo la impresión de que le he caído bien. Se ríe mucho con las cosas que digo.

39. César Millán, «el adiestrador de perros»

Todos los días recibo en mi despacho en el Gobierno un buen número de llamadas de gente de toda España que tiene la intención de visitar Cantabria y quiere pasar a saludarme. Me siento muy honrado por esas muestras de cariño, así que, siempre que mi agenda lo permite, procuro hacer un hueco para compartir unos minutos con ellos.

El personal de la secretaría lo sabe, así que suelen tomar nota de las fechas en las que los visitantes estarán en Cantabria y buscan el mejor momento, normalmente entre las ocho y las nueve de la mañana, para que puedan pasar a verme. Saben de antemano que no podrán ser más de cinco minutos, pero lo agradecen con unas muestras de cariño increíbles. A veces son parejas, familias enteras, pandillas de amigos y, en ocasiones, grupos de hasta 50 personas que se encuentran de excursión en mi tierra.

Probablemente, muchos de los que estáis leyendo este libro habéis estado conmigo en mi despacho y tenéis una fotografía de recuerdo. Yo aprecio mucho esos momentos, no me suponen ningún esfuerzo. Todo lo contrario, es muy gratificante sentir tanto cariño y que haya tantas personas que me consideran un referente. Es más, muchos me dicen que han venido a Cantabria solo para verme. ¡Como para no atenderlos!

Una mañana de tantas mi secretaria me dijo que acababa de llamar un señor que estaba alojado en un hotel de Santander y que era un gran admirador mío, por lo que le haría ilusión conocerme y hacerse una fotografía conmigo. Me dijo que se llamaba César Millán y que era adiestrador de perros. Cuando escuché el nombre, yo no daba crédito.

Los que me seguís conocéis mi gran afición a los perros. Este mismo libro, como el anterior, tiene un perro en la portada, por lo que sabía bien quién es César Millán. He visto cientos de programas suyos. Naturalmente, le dije a mi secretaria que le llamara para proponerle que se acercara a mi despacho sobre las dos de la tarde. Tenía un par de horas libres, hasta las cuatro de la tarde, que debía marchar para un acto en Laredo, por lo que le invité a comer en un pequeño bar que se encuentra enfrente de mi despacho, llamado La Jara. Aceptó encantado y a las dos de la tarde estaba conmigo.

Cuando cruzamos la calle que separa la sede del Gobierno del bar La Jara se organizó un verdadero tumulto. Todo el mundo le conocía. Todos querían una foto con él y hablarle de su perro. Con una amabilidad extraordinaria atendió a cuantos se nos acercaron.

Por fin pudimos sentarnos a comer. Dio buena cuenta de dos platos de alubias con chorizo, tres tajadas de rabo de toro y queso de Tresviso como postre. Todo regado con un tinto Ribera del Duero. Solo pude estar con él hora y media, pero no quise dejarle solo, por lo que se acercaron mi esposa, Aurora, y mi hija Lara para acompañarle.

Qué historia más increíble la de este mexicano de Culiacán. Con 20 años fue «espalda mojada» (inmigrante ilegal) en Estados Unidos. Hoy es ciudadano norteamericano con residencia en California y una de las personas más conocidas del mundo.

Aunque os parezca mentira, en el curso del almuerzo yo casi no hablé. Disfruté escuchándole historias increíbles de su vida. En un momento dado, pronunció una frase que me impactó. Le pedí que la repitiera e incluso saqué papel y bolígrafo para anotarla: «El hombre es el único ser de la especia animal que no tiene líderes estables». Le pregunté si la reflexión era suya y si podía utilizarla en el libro que estaba escribiendo. Me dijo que sí y me dio permiso para apropiármela, antes de argumentar un poco más la idea.

«En el reino animal todas las especies tienen un jefe o jefa de manada, a la que siguen hasta que ven que su posibilidad de ejercer el liderazgo se ve debilitada por razones de edad o salud. Son de una fidelidad absoluta». Por el contrario, continuó, «la especie humana es muy voluble, proclive a cambios constantes, y se deja impresionar con facilidad por gestos y actitudes muy poco sólidas, más ahora con unos medios de comunicación que encumbran a mediocres y contribuyen a que las masas los sigan, aunque sea de manera temporal».

No quiero mencionar ni herir a nadie dando nombres, pero ejemplos hay de sobra tanto en España como en el resto del mundo de líderes que parecían capaces de solucionar todos los problemas y han acabado revelándose como auténticos *bluffs*.

Quizá los animales tienen más instinto para seleccionar a sus jefes que nosotros, la especie humana.

40. El ojo clínico de Felipe VI

El 10 de octubre de 2022 citaron a mi mujer, Aurora, para practicarle una colonoscopia a las 18:00 horas en la clínica Mompia. La acompañamos mis hijas Lara y Jana y yo, que aguardamos pacientemente el tiempo que transcurrió entre la realización de la prueba y la posterior recuperación de la anestesia que le administraron.

Habían pasado alrededor de dos horas cuando nos llamó a su despacho el doctor que había realizado la prueba, Javier Crespo. Nos invitó a sentarnos y nos soltó dos palabras que nos cayeron como un auténtico jarro de agua helada: «¡Malas noticias!».

Los tres nos derrumbamos y estallamos en lágrimas, cogidos de la mano. Ante aquel panorama, el médico echó mano de su capacidad didáctica para tratar de rebajar la tensión. «Hemos encontrado un tumor maligno en el colon y hay que operarla con urgencia. Es una intervención muy habitual; en Cantabria realizamos más de 500 al año y casi todas salen bien», nos explicó.

Después entró en detalles: «Se corta el trozo de intestino dañado y se vuelven a coser las dos partes.

Lo hacemos con un procedimiento que no requiere abrir la tripa, la laparoscopia, que nos permite acceder al tumor con una mínima incisión. La operación dura alrededor de cuatro horas. Esperamos que el tumor esté aislado y que no exista metástasis», agregó.

Poco después, ya reanimada, entró en el despacho Aurora, y el doctor Crespo le explicó lo mismo que nos había expuesto a nosotros, aunque con un tono más dulcificado. Mi mujer no dio muestra de la más mínima preocupación, aceptó los resultados con una absoluta entereza y con el ánimo de afrontar la operación en el momento en el que se lo comunicaran.

Abandonamos el hospital animando a Aurora con las frases típicas que se pronuncian en estos casos. «Todo va a salir perfecto», «conozco a un amigo que se lo hicieron hace x años y está como Dios», «tenemos a los mejores médicos»... Pero era Aurora la que nos tranquilizaba a nosotros.

Al día siguiente yo tenía que ir a Madrid para participar en dos actos muy importantes. Era el Día de la Hispanidad, con el desfile de las fuerzas armadas y la recepción del Rey por la mañana, y a las 10 de la noche tenía previsto intervenir en *El Hormiguero* de Pablo Motos.

Ante la situación planteada, le dije a Aurora que iba a cancelar mi viaje a Madrid. «De ninguna manera». Se negó en redondo a que me quedara y me exigió que cambiara de cara, porque no quería ver en mi rostro un gesto de preocupación. Mis hijas fueron de la misma opinión, así que acudí a los actos programados, a pesar de lo que dejaba en casa.

A las once de la mañana del 12 de octubre, frente al estadio Santiago Bernabéu, comenzaron los actos de la fiesta nacional. Los presidentes autonómicos bajamos de la tribuna junto a los ministros del Gobierno de España para realizar el protocolario saludo a la familia real antes de que comenzara el destile militar. Pasado un rato llamé a Aurora para preguntarle cómo se encontraba. Me contestó que ella muy bien, pero que acababa de ver unas imágenes mías por televisión y que parecía que estaba en un funeral. No quería verme así.

A la una del mediodía nos reunimos toda la comitiva en el Palacio Real para la tradicional recepción. 2.600 personas invitadas hacían cola para saludar a la familia real en el llamado «besamanos». Los servicios de protocolo recomiendan de antemano, con buen criterio, que se pase rápido, se dé la mano y nada de conversación. Aun así, el rito dura casi una hora y media.

Primero desfilan los presidentes del Congreso, Senado y Tribunal Supremo; luego, el Gobierno de la Nación y a continuación los presidentes autonómicos. Como a este acto no asisten nunca ni el *president* de la Generalitat ni el lehendakari, en esa fila yo ocupo el cuarto lugar. Con la lección bien aprendida después de tantos años haciendo lo mismo, yo iba a paso ligero, con la cabeza alta y la mano extendida, para que el saludo no durara más de un segundo. Pero el Rey me paró.

«¿Te pasa algo, Miguel Ángel? Te veo mala cara y más delgado». «No, majestad, no me pasa nada», respondí y continué mi camino. No era momento de contarle lo que os estoy contando a vosotros.

El Rey fue el único que se dio cuenta de que algo no iba bien. Pasados unos días visitó Cantabria y le expliqué lo que me ocurría aquel día. Le pregunté cómo se había dado cuenta y se echó a reír: «Son muchos años conociéndote».

La tarde del 12 de octubre aún tenía por delante la papeleta más delicada. Tenía que aparecer en *El Hormiguero*. A las cuatro de la tarde llamé a Pablo Motos para explicarle las condiciones en las que iba al programa. Me tranquilizó y me propuso vernos una hora antes del inicio del programa. Me esperaba junto a su esposa y me recibió con un fuerte abrazo.

Nunca seguimos un guion, por lo que nos propusimos hacer un programa serio y divertido. Los espectadores no podían pagar el pato de mi estado de ánimo. Creo que nos salió uno de los mejores programas que hemos hecho, aunque algunos notasteis los guiños que le dediqué a Aurora. «Te quiero mucho», le dije en directo. Y al final le propuse a Pablo celebrar mi 80 cumpleaños el 23 de enero en el programa y que me permita cantarle una canción.

Pablo no ha dejado de llamar desde entonces continuamente para interesarse por la salud de Aurora. Es un ser maravilloso, lleno de sencillez y humanidad.

LAS TECNOLOGÍAS Y YO

41. El teléfono rojo

He relatado muchas veces lo extraño que me resulta el interés que mis palabras y mis actos suelen despertar en los medios de comunicación. Yo me considero un tipo muy corriente, suelo decir lo que pienso, responder cuando me preguntan y actuar como lo hace la inmensa mayoría de la gente, por lo que nunca dejará de sorprenderme que mi manera de ser provoque tanto interés mediático.

Mis desplazamientos en taxi por Madrid, para acudir a encuentros de trabajo con el Rey en la Zarzuela o con el presidente de turno en la Moncloa, llevan años ocupando minutos de radio y televisión y espacios en los periódicos. ¡Menos mal que no voy a caballo!

Mi forma de hablar, tan normal que todo el mundo la entiende, suele ser un reclamo para los programas de televisión, que tienden a buscar mi reacción cada vez que estalla un escándalo o se produce un hecho destacable. Estoy, pues, acostumbrado a aparecer en los medios por las más variadas razones, pero lo que nunca pensé es que mi móvil se iba a convertir en una de ellas.

A veces llama la atención mi mala relación con la tecnología, sobre todo teniendo en cuenta mi éxito en las redes sociales. Ya he confesado que yo soy el autor intelectual hasta de la última coma que publico en Facebook, Twitter e Instagram, pero no me encargo de manejar las aplicaciones para escribir los mensajes. Mi mujer Aurora y mi hija Lara lo hacen por mí en muchísimas ocasiones, reproduciendo lo que yo les pido que publiquen.

Esa reticencia a introducirme en el manejo de las nuevas tecnologías está haciendo que para mí sea cada día más difícil renovar mi teléfono móvil. Llevo tantos años siendo fiel a Nokia que no me veo manejando ningún otro dispositivo. Desde hace mucho tiempo utilizo un Nokia 301, un modelo clásico y fiable que cumple todos los requisitos que yo espero del móvil: me permite hacer llamadas siempre que lo necesito, las recibo con absoluta normalidad, e incluso de vez en cuando me atrevo con algún mensaje de texto, aunque lo mío es la voz.

Mi móvil tiene poco que ver con esos *smartphones* que se han convertido en el objeto de deseo de casi todos los mortales. No tiene pantalla táctil, ni falta que me hace. No manejo WhatsApp, ni ninguna otra aplicación más allá de las ya citadas llamadas de voz y los mensajes de texto. Para mí eso no es una carencia, ni limita en modo alguno mi actividad y mi trabajo. Todo lo contrario: creo que en los últimos tiempos se ha convertido en una garantía de seguridad.

Posiblemente todos recordáis el caso Pegasus, que nos mantuvo en vilo en la primavera de 2022 y convirtió a mi humilde Nokia en el móvil más popular de España.

Todo comenzó con la denuncia de 60 independentistas catalanes que aseguraban haber sido espiados a través del *software* Pegasus y apuntaban como responsable al Gobierno español. El Ejecutivo negó con toda rotundidad la acusación en los primeros momentos, aunque a los pocos días unas palabras de la ministra de Defensa, Margarita Robles, ponían en cuestión su conocimiento del caso de espionaje. En una respuesta a la diputada de la CUP Mireia Vehí, Robles se preguntaba: «¿Qué tiene que hacer un Estado cuando alguien vulnera la Constitución, cuando alguien declara la independencia, cuando corta las vías públicas, cuando realiza desórdenes públicos, cuando está teniendo relaciones con dirigentes políticos de un país que está invadiendo Ucrania?».

A los pocos días y en pleno revuelo político por las declaraciones de la ministra, todos los españoles supimos que los teléfonos de la propia Margarita Robles y del presidente del Gobierno, Pedro Sánchez, habían sido espiados en mayo de 2021, cuando se estaban negociando los indultos a líderes independentistas y en plena crisis con Marruecos.

El escándalo adquirió tal dimensión que se planteó la creación de una comisión de investigación en el Congreso, posibilidad que fue vetada por el PSOE con el apoyo del PP, Vox y Ciudadanos, y que enfrentó al Gobierno con sus socios nacionalistas. Lo que sí supimos en sede parlamentaria fue que el CNI había contado con autorizaciones judiciales para vigilar en octubre de 2019 a 18 personas relacionadas con el independentismo catalán, entre ellas el presidente de la Generalitat, Pere Aragonés.

En medio de esa vorágine de espionajes a través de los teléfonos móviles fue cuando adquirió protagonismo mi Nokia 301, un dispositivo absolutamente seguro y con escasas posibilidades de convertirse en presa de programas espía como Pegasus, sobre todo tal y como yo lo uso, sin conectarme a Internet. De un día para otro, todos los programas de televisión querían hablar conmigo sobre el caso de espionaje y mostrar en directo mi humilde Nokia, un aparato de lo más habitual y consumido hace no tantos años, pero que hoy se considera casi una pieza de museo. De hecho, cada vez que se me estropea el terminal, me cuesta más conseguir la reparación o directamente la sustitución por otro igual, por la sencilla razón de que ha dejado de fabricarse.

Supongo que por la popularidad que adquirió el asunto y mi convicción a la hora de defender el aparato, al cabo de unos días recibí la carta que reproduzco, firmada por un alto ejecutivo de la compañía Nokia, acompañada por un dispositivo más moderno que el mío, el cual, según me aseguraba, reunía los mismos valores que el clásico en cuanto a seguridad, durabilidad, resistencia y sencillez, e incluso una batería de larga duración.

hmd.
The Home of Nokia Phones

Estimado Presidente,

Soy Javier Martinez-Esparza, Country Manager para España y Portugal de HMD Global, (the home of Nokia pones), compañía finlandesa responsable de liderar la estrategia de smartphones y teléfonos clásicos de Nokia.

Hemos visto que utiliza nuestros teléfonos móviles y, por eso, nos hemos permitido enviarle un nuevo modelo, rediseñado y actualizado, pero con los mismos valores de los teléfonos clásicos Nokia, seguridad, durabilidad, resistencia, sencillez y una batería de larga duración.

Nuestros teléfonos clásicos, como el que tiene ahora en sus manos, son la mejor forma de estar siempre conectado a lo que realmente importa y de desconectar cuando lo necesite. En Nokia móviles creemos que a veces necesitamos desconectar para descansar, inspirarnos, y estar de verdad conectados con lo que nos rodea y nos hace de sentirnos bien.

Esperamos que siga confiando en los teléfonos móviles Nokia y le invitamos a seguir disfrutándolos. No son únicamente móviles sencillos, sino una manera de estar conectados con nuestro entorno de forma más consciente, gestionando mejor nuestro tiempo.

Esperamos que lo disfrute durante mucho tiempo.

Un saludo,

Javier Martínez-Esparza

606816823

Javier Martínez-Esparza| 606 816 823
HMD Global | Networkia Business Center Moraleja
Av. de Europa, 14, 28108 Alcobendas, Madrid

Agradecí el detalle e hice el intento de manejar el nuevo teléfono que con tanta convicción me ofrecía la compañía. No hubo manera. Ya no es solo que la tecnología no me interese a nivel de usuario, es que mi cabeza parece impermeable al manejo de esos aparatos tan modernos y con tantas funciones. Fui absolutamente incapaz de acostumbrarme, por lo que lo devolví a quien me lo había mandado y volví al desfasado aparato que tanta seguridad y confianza me ofrece.

Pero por más seguro que sea mi Nokia 301, no sé si a consecuencia del caso Pegasus o por las cada día más frecuentes violaciones de seguridad que se cometen al amparo de la tecnología, las altas esferas del Estado han ideado una fórmula para impedir ese tipo de casos de espionaje en las comunicaciones de máximo nivel, a la que han denominado «Sala de Seguridad».

Se trata de una estructura con todos los elementos necesarios para tratar sin ningún tipo de riesgo de fugas la información que se considera clasificada. Cuando escribo estas líneas en octubre de 2022, representantes del CNI acaban de visitar la sede del Gobierno de Cantabria en la calle Peña Herbosa de Santander para elegir el mejor emplazamiento en el que instalar esa sala, que será el único lugar desde el cual será posible hablar con el presidente del Gobierno.

En la práctica, un pequeño espacio, con un equipo de alta seguridad para videollamadas y una silla, protegido gracias a sistemas de control y un acceso restringido y con puerta blindada. Y no solo eso. Una vez que entre en funcionamiento, todas las conversaciones que yo tenga que mantener con el presidente y los altos cargos del Gobierno de España deberán llevarse a cabo desde esa sala y con esos equipos.

Pero no queda ahí la cosa. Para lograr el acceso a esa sala blindada, tengo que realizar una declaración personal de seguridad, en la que deben constar ya no solo mis datos personales y profesionales, sino también los de mi mujer, las personas que conviven con nosotros y hasta nuestros progenitores. Tengo que señalar a dos personas de mi entorno para que den referencias sobre mí y responder a un cuestionario sobre antecedentes o procesos judiciales (menos mal que no tengo), relación con grupos radicales o terroristas (ahí tampoco puedo aportar nada), con personas de países que no sean miembros de la OTAN/UE o con gobiernos o servicios de inteligencia extranjeros (?), pertenencia a organizaciones en contra del orden constitucional de España o que impidan las libertades y derechos de los demás…

¿Lo imagináis? Creo que voy a superar la prueba y que me autorizarán el acceso a la sala de seguridad, pero ¿me veis ahí cerrado haciendo videollamadas? Yo, que crecí en uno de los valles más apartados de Cantabria, que fui pastor de ovejas en mi niñez y que llevo tatuados en mis genes los orígenes rurales, voy a tener mi propio teléfono rojo. ¡Vivir para ver!

42. Sigo en las redes

Fiel a mi Nokia y sin superar mi torpeza absoluta para manejar los artilugios modernos, continúo prodigándome casi todos los días con mensajes y fotografías en las redes sociales. Y la respuesta no puede ser más satisfactoria. En estos momentos tengo más de 1,2 millones de seguidores en Facebook, casi 700.000 en Twitter y más de 550.000 en Instagram.

Os dejo algunos *posts*.

Miguel Ángel Revilla
Publicado por Instagram · 11 de septiembre

En Los Machucos con mi hermano el Presidente de Asturias, @adrianbarbon.

/er estadísticas y anuncios

Adrián Barbón y 4,4 mil personas más   1,4 mil comentarios 129 veces compartidc

Miguel Ángel Revilla
Publicado por Instagram · 30 de octubre de 2021

Desde la Iglesia de La Sierra con el pueblo donde nací al fondo, Salceda.

Ver estadísticas y anuncios

2,3 mil — 207 comentarios 47 veces compartido

Miguel Ángel Revilla
Publicado por Instagram · 14 de mayo

Ha muerto Teresa Berganza, una de las sopranos más importantes del mundo y una extraordinaria persona, DEP.

ticas y anuncios

mil — 1,7 mil comentarios 128 veces

Miguel Ángel Revilla
Publicado por Instagram · 21 h

Ha llovido algo en #Cantabria y han empezado a aparecer los boletus edulis.

Ver estadísticas y anuncios — Promocionar publicación

32,8 mil — 5651 comentarios 832 veces compartido

Miguel Ángel Revilla
Publicado por Instagram · 30 de julio

En Novales, día de los limones solidarios: cuánto me gustaría que este hombre anunciase agua en Cantabria y que, además, esta vez acertase.

...r estadísticas y anuncios

Bar Castanyer, Rosa y 1,4 mil personas más — 95 comentarios 18 veces compartido...

Miguel Ángel Revilla
Publicado por Instagram · 1 de noviembre a las 12:24

Cabras al lado del río Bustablao.

Miguel Ángel Revilla
Publicado por Instagram · 18 de septiembre

Este modelo fue mi primer coche en el año 68, Citroën 2CV. En el #Rally de coches clásicos en #Beranga.

Miguel Ángel Revilla
Publicado por Instagram · 3 de diciembre de 2021

El joven artista cántabro @martinezjuanhelguera me regala este cuadro.

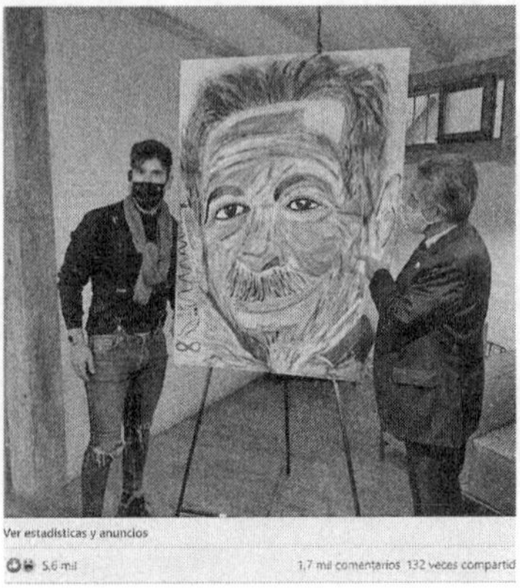

Miguel Ángel Revilla
Publicado por Instagram · 5 de noviembre a las 17:10

He venido a felicitar a Soledad Postigo, que cumple hoy 100 años con plena lucidez. Lo ha celebrado con toda la familia en el restaurante Raquel de Penagos. Volveré por su 101 cumpleaños.

Miguel Ángel Revilla
Publicado por Instagram · 6 de agosto

Ya estoy Arriondas. Con el pregonero de este año, el gran @raulentrerrios.

Miguel Ángel Revilla
Publicado por Instagram · 25 de agosto

En Pico Jano, un día infernal típico de etapas de Charly Gaul y Bahamontes, esto es Cantabria de vez en cuando. Con Óscar Freire, tres veces campeón del mundo, un grande.

Miguel Ángel Revilla
Publicado por Instagram · 1 de junio

Sigo enseñando Cantabria al gran @joaquinarte. Palacio de Sobrellano, Comillas.

Miguel Ángel Revilla
Publicado por Instagram · 31 de mayo

Casi las 12 de la noche, paseando por Castelar #Santander con el gran @joaquinarte intentando convencerlo para que se venga al @realracingclub. Al final son colores verdiblancos.

Miguel Ángel Revilla
Publicado por Instagram · 5 de agosto

No es Luena, se llama Bimbo, muy parecidos.

Ver estadísticas y anuncios

1,6 mil personas más 150 comentarios 10 veces compartido

Miguel Ángel Revilla
Publicado por Instagram · 17 de abril

Atardecer junto al río Pas con Luena.

Ver estadísticas y anuncios

9,3 mil 311 comentarios 103 veces compartido

Miguel Ángel Revilla
Publicado por Instagram · 3 de abril

En #Brañavieja. Ha caído más de un metro de nieve, y sigue nevando.

Miguel Ángel Revilla
Publicado por Instagram · 16 de octubre a las 11:50

Recibiendo en la montaña sagrada de Monte Castillo, Puente Viesgo, a Alberto II de Mónaco, tataranieto de su gran difusor y mecenas, Alberto I de Mónaco.

Miguel Ángel Revilla
Publicado por Instagram · 16 de octubre a las 15:54

En Puente Viesgo, degustando unas anchoas elaboradas por manos expertas de Cantabria.

Ver estadísticas y anuncios

2,7 mil — 339 comentarios 59 veces compartido

Miguel Ángel Revilla
Publicado por Instagram · 27 de enero

Hoy, por primera vez, no estaré solo en @elhormiguero. Este chavalín que me acompaña es el alcalde de #Vigo. Dentro de diez minutos estaremos en pantalla.

Miguel Ángel Revilla
Publicado por Instagram · 27 de julio

En la Cruz de Cabezuela, un lugar mágico, con un grande, @pablotovar_, que ha superado el accidente que tuvo con 21 años y que le dejó parapléjico. Hoy, con su perro, hace una vida absolutamente normal. Un ejemplo de superación y un honor tenerle aquí en mi pueblo, Polaciones.

Miguel Ángel Revilla
Publicado por Instagram · 25 de mayo

Dentro de diez minutos estaré en directo en @elhormiguero, con @pablomotos.

Miguel Ángel Revilla
Publicado por Instagram · 19 de julio

Camino de Áliva, hago una parada para poner las nuevas pulseras del año Jubilar Lebaniego 2023 al rey Don Pelayo en su pueblo natal de Cosgaya.

Miguel Ángel Revilla
Publicado por Instagram · 26 de agosto

Primera línea de salida de @lavuelta. Un lujazo de corredores. @juann_ayuso, Víctor Langellotti, @remco.ev, @jay_vine3, @sammmyben.

Miguel Ángel Revilla
Publicado por Instagram · 7 de agosto

En San Román de La Llanilla, con Logan.

Miguel Ángel Revilla
Publicado por Instagram · 21 de mayo

En el Oso de Cosgaya con mi amiga Maia.

Miguel Ángel Revilla
Publicado por Instagram · 12 de agosto

En el comienzo de las fiestas de Torrelavega. Con un grande, de aquí, Antonio Resines.

Miguel Ángel Revilla
Publicado por Instagram · 25 de octubre a las 13:53

Con el Rey, Felipe VI, y la presidenta del Parlamento Europeo, Roberta Metsola, en la VII edición del Global Youth Leadership Forum, que se está celebrando en el Palacio de la Magdalena, en Santander.

Miguel Ángel Revilla
Publicado por Instagram · 16 de julio

A punto de empezar la misa del Carmen me hago una foto, sin duda, con un simpatizante.

Miguel Ángel Revilla
Publicado por Instagram · 24 de julio

Buen toro limousin en la feria de Ruesga.

Miguel Ángel Revilla
Publicado por Instagram · 26 de agosto

Con @alejandvalverde, todo un ejemplo.

er estadísticas y anuncios

Rosa y 2.5 mil personas más 241 comentarios 30 veces compartid

DOS EPÍLOGOS

43. Por qué me presento a las elecciones con 80 años

Son muchos los que me preguntan, cargados de razón, por qué me presento a las elecciones para optar de nuevo a la Presidencia de Cantabria el próximo 28 de mayo de 2023, con 80 tacos cumplidos. Eso es en la calle, porque en casa ya no me preguntan, directamente se enfadan.

Quizá algunos de los que estáis leyendo estas líneas pensáis que no tengo *hobbies,* que esta vida que llevo desde hace 40 años me tiene atrapado y que no sería capaz de hacer otra cosa. Sin embargo, no podéis imaginaros lo que me ha costado renunciar a pescar truchas en los ríos de Cantabria, o jargos en la mar. En primavera y en otoño me encanta salir a los bosques a recoger setas. Y disfrutaría enormemente dedicando un par de tardes a la semana a jugar una partida de cartas con los amigos.

Si dejara la política, me encantaría recorrer España para dar charlas sobre las experiencias de mi vida. Sería el momento de atender tantas y tantas invitaciones que he recibido a lo largo de los años y a las que no he podido responder. Creedme que no daría abasto.

Os preguntaréis entonces por qué vuelvo a presentarme. Hay varias razones, pero la primera y fundamental es porque aún tengo fuerzas e ideas para trabajar por y para mi tierra.

No es fácil tomar una decisión como la que yo he tomado a los 80 años, y por ello la primera condición indispensable para dar este paso, como vengo haciendo desde hace ya varias legislaturas, es que la salud me acompañe. A punto de cumplir los 80, me he sometido a un análisis aún más riguroso. Es sabido que yo soy un enfermo con buena salud, desde que a los 25 años me operaron por primera vez a causa de una piedra en la pelvis renal y un riñón absolutamente inutilizado. Aquella operación permitió restablecer la funcionalidad del riñón, pero a lo largo de mi vida he tenido que someterme a otras tres intervenciones para extraerme cálculos de un tamaño considerable. Todo ello me ha ido formando una tumoración prostática de gran tamaño, que estoy logrando mantener más o menos estable a base de medicación diaria. Los médicos me dicen que puedo esperar aún un tiempo antes de tener que operarme. Esta patología es sin duda una consecuencia genética, ya que a mi padre, que murió con 94 años, le operaron de lo mismo que yo tengo ahora cuando cumplió los 89.

Además de esos problemas renales, también me he tenido que someter en dos ocasiones a la extirpación de pólipos benignos en la vejiga, que hasta el momento no se han reproducido. Pero el riñón ha sido la causa de la gran patología que ha marcado mi vida, con pielonefritis recurrentes y fiebres altas, dada mi propensión a la formación constante de cálculos.

Pues bien, antes de decidir presentarme de nuevo a las elecciones no solo me he sometido a las habituales pruebas renales, sino a un reconocimiento muy exhaustivo, con todo tipo de pruebas, incluidas del corazón. Le pedí con toda crudeza a los médicos, y especialmente al jefe de Nefrología de Valdecilla, ya jubilado, porque es el que me ha ayudado a aguantar tantos años, que respondieran a una pregunta muy sencilla y me dijeran con toda honestidad si yo, en las condiciones en las que estoy ahora y con los resultados de las pruebas a las que me he sometido en la mano, estoy en condiciones de hacer exactamente lo mismo que he venido haciendo en los últimos años. Es decir, levantarme a las siete de la mañana, entrar en el despacho a las ocho y estar trabajando hasta las 10 de la noche, de un lado para otro.

La respuesta fue que sí, que puedo seguir con mi actual ritmo de trabajo sin ningún tipo de menoscabo. Las conclusiones de los análisis a los que he sido sometido son positivas, con la única advertencia de que a los 80 años no se pueden hacer predicciones como cuando uno tiene 40, 50 o 60. Soy consciente de ello. A mi edad, puede que una mañana te duela un costado, vayas a Valdecilla y recibas una mala noticia. Cuando hablamos de salud, todos corremos cierto nivel de riesgo, aunque naturalmente es mayor en las personas de mi edad.

Sin embargo, los médicos me han dejado claro que puedo hacer el mismo trabajo que hasta ahora sin ningún tipo de impedimento. Y esa conclusión es la primera razón por la que me presento. Jamás lo haría si me hubieran dicho que puedo seguir llevando una vida más o menos normal, pero no la que yo llevo, con un trabajo intensísimo, una enorme responsabilidad y una actividad física y mental muy alta. Si me llegan a decir que no puedo seguir haciendo lo mismo, simplemente les habría dicho a mis compañeros que hasta aquí hemos llegado. Habrían podido contar conmigo para asesorarles y apoyarles, pero nada más.

Por lo tanto, mi buena-mala salud es la primera motivación para dar el paso que he dado, pero no la única. También lo hago por mi partido, el Partido Regionalista de Cantabria, que hoy cuenta con los mejores cargos públicos de la comunidad autónoma y tiene un espléndido futuro por delante.

Desde sus orígenes en 1976, el PRC ha crecido hasta convertirse en el primer partido de Cantabria. Hemos conseguido una unidad férrea, y yo, como fundador, he impulsado unos modos de pensar y de actuar que cuentan con la aceptación mayoritaria de los cántabros. Tengo a mis espaldas muchísimos años liderando la toma de decisiones, encaminadas a defender a Cantabria por encima de todo.

Pero también somos un partido comprometido con los problemas generales de España. Nosotros somos regionalistas, no nacionalistas, lo cual implica que Cantabria es nuestra región y España, nuestra nación. Somos un partido progresista, que toma sus decisiones con base en el interés general y antepone el apoyo a las clases menos favorecidas frente a los grandes poderes fácticos y económicos.

Con esos principios como bandera, somos en este momento el primer partido de Cantabria, respaldado por el 38 % de los votos de los cántabros. Tenemos casi la mitad de los alcaldes de la región y contamos con una estructura realmente sólida.

Sin embargo, tanto mis compañeros como yo mismo sabemos que yo tengo un plus de tirón electoral. Y en una situación tan complicada como la que estamos viviendo, ese plus es importante a la hora de revalidar los resultados del partido. Por eso los compañeros me han pedido, por unanimidad, que haga el último esfuerzo, dado que estoy bien física y mentalmente, para afrontar esta situación complicada.

Quienes hemos estado al frente de las Administraciones a todos los niveles, estatal, autonómico y municipal, hemos sufrido un desgaste en los últimos años, a causa de las dificultades que comenzaron con la pandemia y que han hecho que la gente lo haya pasado realmente mal. Los problemas se han exacerbado ahora, tras la invasión de Ucrania por Rusia y el inicio de una guerra que está llevando a la economía a una situación muy complicada tanto para las empresas como para las familias.

Soy de los que piensan que en circunstancias difíciles hay que tirar adelante con más fuerza y energía. No soy de los que abandonan el barco cuando hay problemas. Hay que estar a las duras y a las maduras. He pasado por elecciones en las que las cosas estaban muy fáciles, porque la coyuntura económica era buena y no existía ningún tipo de tensión. Ahora es todo mucho más complicado, y no puedo dejar tirados a mis compañeros, cuando muchos de ellos se han volcado en este partido por mí, porque yo les he convencido y me consideran un referente.

Hay más razones detrás de mi decisión. Cantabria es una comunidad pequeña, con apenas 580.000 habitantes. Nuestra capacidad de influencia en Madrid es muy reducida, máxime cuando no somos una región conflictiva, ni planteamos las situaciones que se dan en otros territorios de España que recurren permanentemente a la amenaza de la independencia para obtener concesiones.

Es sabido que el voto de Cantabria no decide nada en el conjunto de España, a diferencia de lo que ocurre con Cataluña, Madrid, Andalucía o la Comunidad Valenciana, territorios con un poderío tal que pueden hacer que un presidente gane o pierda las elecciones. Nosotros no tenemos más arma de presión que la denuncia cuando no cumplen lo prometido, y es muy difícil presionar si no tienes eco y plataformas para lograrlo.

He explicado muchas veces mi manera de entender la televisión, como un altavoz para vender un territorio hasta no hace mucho desconocido y, sobre todo, reivindicar y denunciar los incumplimientos en los que ha incurrido reiteradamente el Gobierno de la nación. Porque a todos los gobernantes de todos los partidos se les llena la boca a la hora de hacer promesas cuando vienen por aquí, pero raramente las cumplen.

Quienes me seguís, me habréis oído hablar muchas veces de la deuda del Valdecilla. Nuestro gran hospital de referencia se vino parcialmente abajo en un terrible accidente en noviembre de 1999. Todos los Gobiernos prometieron fondos para financiar la reconstrucción y han tenido que pasar más de 20 años para que estemos a punto de saldar esa deuda. Lo hemos conseguido en buena medida gracias a la reivindicación pública que me he encargado de realizar a través de la televisión. A ningún gobernante le gusta que le pongan verde y le enfrenten públicamente al incumplimiento de sus promesas, como ha ocurrido en Cantabria con la deuda del Valdecilla o las obras del tren de alta velocidad a Madrid, que por fin hoy están en marcha, fruto sin duda de la presión y la denuncia constante en los medios y fuera de ellos.

Tenemos también en fase de estudio informativo el tren Santander-Bilbao. Y también ahí nos hemos encargado de que España entera sepa que hoy hacen falta más de tres horas para cubrir en tren los 90 kilómetros que separan la capital cántabra de la vizcaína. Una realidad tercermundista e impresentable que se da cuando un territorio es pequeño y no tiene la capacidad de denuncia de los grandes.

En esta última legislatura, Cantabria ha logrado impulsar proyectos fundamentales para su futuro, y ahora es muy importante que esos proyectos se rematen. No podemos consentir que vuelvan a abandonarse, como ya ocurrió en el pasado. Mi presencia en la vida política garantiza que estaremos más que vigilantes para que el Estado cumpla de una vez lo prometido tantas veces a los cántabros.

Y aún hay otra razón para mi permanencia en la vida política activa. Afrontando este nuevo reto con

80 años quiero reivindicar la vejez. Quiero animar a los mayores a no resignarse a vegetar siempre que tengan la cabeza en buen estado y una cierta movilidad. Podemos demostrar que aún somos útiles.

El envejecimiento no ha sido considerado siempre de la misma forma a lo largo de la historia. Cada época ha sido diferente en la percepción de la persona mayor, con numerosas variables de tipo cultural, psicológico, político, social, económico e histórico, que influyen en el concepto y en la consideración de lo que supone la edad avanzada y que pueden otorgar una valoración más o menos positiva.

La concentración en las zonas urbanas, unido al progreso tecnológico que caracteriza al mundo moderno y que dificulta la integración de quienes tienen más edad en una vida cada vez más global, genera a veces una sensación de incapacidad entre los más mayores. Pero hay muchas personas de edad avanzada y sin enfermedades importantes que están perfectamente capacitadas para desarrollar funciones en muchos casos de alta responsabilidad, añadiendo a su dedicación y conocimientos la ventaja de la experiencia.

Hay muchos ejemplos, pero voy a quedarme con uno que conozco, el de mi amigo Antonio Garrigues, que recibió a los 85 años el premio Ejecutivo a una trayectoria empresarial. Después de dedicar toda su vida al derecho, su actividad sigue tan intensa como el día que comenzó su andadura. Es un hombre comprometido con su tiempo y que comparte su amplia experiencia en muchos campos sin perder ni un ápice de su humanismo y humildad.

Es ponente habitual en foros, seminarios y conferencias que organiza el despacho de abogados del que es presidente de honor, pero también de centros especializados donde se demanda su voz y experiencia.

En su discurso al recoger el premio Ejecutivo afirmó tres cosas. La primera, que ese premio se lo tendrían que dar cada año, porque tiene pensado seguir trabajando. La segunda, que no aconseja jubilarse a quien no tenga enfermedades que lo recomienden, porque el cerebro es un músculo que si no se ejercita, se anquilosa. Y la tercera, que la sociedad debe aprovechar a quienes son activos y tienen experiencia, con independencia de su edad.

El envejecimiento es un proceso fisiológico que puede acompañarse o no de enfermedad incapacitante. Y eso marca la diferencia entre las personas mayores, por lo que generalizar es incorrecto. Muchos mantras de la juventud son falsos. No es cierto que todas las personas mayores hayan perdido la capacidad de adaptarse a los cambios, ni que tengan una vida monótona o no sean productivas. Hay muchos jubilados que continúan trabajando, o incluso participando en muchos voluntariados. Es cierto que hay una pérdida de la resistencia física, pero es compatible con una vida muy activa como la mía. Y, desde luego, de lo que no hay duda es de que tenemos más conocimiento y experiencia.

Sinceramente, creo que la sociedad tiene que apoyar las diferentes posibilidades de elección que tenemos las personas mayores. La primera, obviamente, el derecho al descanso de quien por sus circunstancias físicas, personales o sociales lo desea, después de una vida dedicada al trabajo o a los demás. Pero también es necesario que todos seamos conscientes de la importancia de la presencia de personas mayores en las instituciones si su situación física y mental se lo permiten.

Hay muchos ejemplos de personas conocidas, como Clint Eastwood, Picasso, Shimon Peres, Churchill, Verdi, Saramago, Norman Foster..., pero también mucha gente anónima desarrolla trabajos esenciales a nivel educativo, gestor o creativo de forma brillante, incluidos los abuelos que asumen responsabilidades con hijos y nietos hasta el punto de convertirse en pilares esenciales para la conciliación familiar.

Muchas veces vemos la infancia y la juventud como algo lejano, pero somos como la *matrioska,* esa muñeca rusa que guarda en su interior otras muñecas cada vez más pequeñas. Todos guardamos en nuestro interior al niño, al adolescente, al joven y al adulto que fuimos, y son muchas las veces que ese personaje se asoma a nuestros ojos. Cuando nos reencontramos con antiguos compañeros de colegio decenas de años después, volvemos a sentirnos como el adolescente que fuimos. Las risas, las bromas, las anécdotas y la cercanía a quienes fueron nuestros compañeros más habituales vuelven a iluminar ese escenario infantil.

Las personas mayores acumulamos a todos esos personajes, toda su experiencia, los fracasos y los triunfos. Y eso es un valor para la toma de decisiones.

A mis 80 años, siento muchas ganas de reivindicar el derecho y la capacidad de todos aquellos que con mi edad se sienten útiles y activos. Hay que alejar de la sociedad los estereotipos sobre las personas mayores.

Me encuentro física y mentalmente activo, he superado unas pruebas médicas muy exhaustivas y aún tengo por delante proyectos por terminar para mi tierra cántabra. Cuando veo a Joe Biden, que tiene la misma edad que yo, dirigiendo el país más importante del mundo, me animo todavía más. Por eso me presento nuevamente a las elecciones autonómicas de mi tierra.

44. QUIERO QUE SEA ASÍ

En 2016, con 74 años, publiqué *Ser feliz no es caro*. El último capítulo lo titulé «A modo de testamento» y empezaba así: «No quiero ponerme dramático, pero dada mi edad y mis achaques, creo que se aproxima el final de mi periplo por esta vida».

Cuando estáis leyendo este nuevo libro ya he cumplido los 80 y, aunque he aguantado bien, el final está aún más próximo, por lo que quiero reiterar en estas últimas páginas lo que me gustaría que mis familiares y amigos hagan conmigo cuando llegue el momento.

A lo largo de toda mi vida he intentado no ser mala persona y aportar, dentro de mis posibilidades, un granito de arena a la construcción de un mundo mejor. Me he volcado por ello en la denuncia de las injusticias que nos rodean.

A nadie le apetece morirse, pero es inevitable. Yo hace tiempo que lo tengo asumido. Lo que sí me preocupa es sufrir una muerte prolongada en el tiempo y con dolores. Sobre todo, después de haber visto a mi querida madre sufrir durante dos años a causa de un cáncer terrible.

Soy acérrimo partidario de no mantener la vida de forma artificial. Cuando algo no tiene solución, lo mejor es no prolongar el sufrimiento, porque en esos casos el dolor es doble, para quien padece la enfermedad y para su entorno familiar. Los míos ya sabéis cómo proceder cuando llegue el momento, y más ahora que, afortunadamente, tenemos una Ley de Eutanasia aprobada.

He sido donante de sangre, y en mi ficha médica consta que, si sirven de algo después de que yo muera, mis órganos podrán ser utilizados. Llegado a este punto, hago un llamamiento a todos los que me leéis para que firméis en vuestro hospital de referencia un documento muy sencillo para donar vuestros órganos en beneficio de otros, o de la medicina. No entiendo la prevención de algunas personas frente a la donación. ¡Vayámonos de este mundo con un último gesto de generosidad!

No quiero que nadie me mande coronas de flores, lo siento por las floristerías. Los ramos son maravillosos para otros fines, como conmemorar el día de la madre, el de los enamorados, para decorar una buena mesa... En el entierro de un alcalde de Cantabria se atascó Cabezón de la Sal con coches cargados de coronas. Me contaron que aquel sepelio había batido el récord de los celebrados en Cantabria. Creo recordar que fueron más de cien coronas. Algunos familiares se sentían emocionados al interpretar aquel gesto como una muestra del cariño de muchos.

Me he preocupado por saber cuánto vale una corona medio decente: entre doscientos y trescientos euros. Pues bien, que nadie mande flores a mi entierro. El que quiera quedar bien con mi familia, que envíe una carta para comunicarles que, siguiendo mis deseos, ha ingresado el importe de la corona en la cuenta de la Cocina Económica de Santander.

Esta petición sirve también para las esquelas mortuorias. Solo quiero una, de la familia, y de espacio reducido, para que se sepa que ya no me volverán a ver. Aunque dada mi notoriedad, tampoco sería necesaria.

Quiero ser incinerado y que mis cenizas sean esparcidas por mi familia en la Cruz de Cabezuela, en Polaciones, un lugar que conocéis de sobra quienes habéis leído mis libros. Quiero que lo hagan un 25 de julio, día de Santiago, patrón de Salceda, mi pueblo natal. Me gustaría que ese día celebren en el mirador, donde hay bancos y mesas de piedra, una comida campestre con productos traídos de casa. Me gusta pensar que la comida estará amenizada con canciones montañesas, gaiteros y piteros.

En el monumento de piedra que representa a un *purriegu* y un *lebaniegu,* no estaría de más colocar una placa de hojalata con este epitafio: «Aquí se tiraron las cenizas de Miguel Ángel Revilla por su expreso deseo. Este lugar marcó profundamente su conducta en la vida».

Pongo a todos mis lectores como guardianes para que se cumplan estas voluntades. Y encargo a dos personas que supervisen para que se cumplan mis deseos: Cipriano Quintas, Cipri, y Adrián Barbón.

Y lo dejo todo aquí escrito por si acaso. No entiendo que haya quien muere sin testamento, con los problemas tan enormes que origina a la descendencia. Creo que no hacer testamento tiene que ver con cierta sensación de inmortalidad. Pero la inmortalidad no existe.

No quiero dejar mal sabor de boca a los lectores y amigos que concluís este libro, así que os adelanto que intentaré aguantar cuantos más años mejor. Me cuidaré y pasaré a menudo por Valdecilla para ir haciendo las reparaciones oportunas.

La gente me pide con mucha frecuencia por la calle que no cambie. Yo siempre contesto lo mismo: no lo voy a estropear a última hora. En todo caso, mi cambio será a peor para los que roban, los que nos toman por tontos, nos humillan y nos imponen un mundo tan injusto.

Otros títulos del autor en Booket: